Wolfgang Strauß

Ich gebe niemals auf!

Tipps zum Umgang mit Schwierigkeiten

Mauer Verlag
Wilfried Kriese
72108 Rottenburg a/N
Buchgestaltung: Wilfried Kriese
Titelbild: Mauer Verlag
2009
ISBN 978-3-86812-172-8

www.mauerverlag.de

Inhalt

Vorwort	9
Einleitung	14
„Aggression“	21
Suggestion	48
Teufelskreise	70
Arbeitskreise	77
Lerntechnik	86
Lernvorgänge	101
Seelenfrieden	129
Literatur	146

Vorwort

Unsere deutsche Volksgemeinschaft steuert auf einen Zustand hin, bei dem früher oder später fast jeder ein oder mehrere Probleme „am Hals haben“ wird. Darum will dieses Buch Anleitungen geben trotz mancher Probleme ein mit positiven Inhalten erfülltes Leben aufzubauen.

Natürlich wird es eine Anzahl von Menschen geben, die gegen die obige Behauptung Sturm laufen werden. Vor allem werden es diejenigen sein, die durch diese Probleme der Mitmenschen entweder viel Geld oder starke Machtpositionen gewinnen wollen. Deshalb sollten ein paar wenige Tatsachen genannt werden, auf Grund derer dann jeder selbst beurteilen kann, was an dieser Behauptung „dran“ ist.

Immer öfter kaufen sogenannte „Heuschrecken“(ausländische Kapitalgesellschaften) Großbetriebe, größere Banken oder Tausende kommunaler Wohnungen (z.B. Heidenheim) auf. Sicherlich ist niemand so einfältig und glaubt, dass sie das zum Wohle des deutschen Volkes machen. Trotzdem schreit man nach der „freien Marktwirtschaft“. Dieselben Reden hielt man(n) nach der „Wende“ 1989 bezüglich der ostdeutschen Regionen und versprach „blühende Landschaften“. Das Resultat sieht man heute. Und dies obwohl die damaligen „Heuschrecken“ (meistens) „deutsches Blut“ in ihren Adern hatten. Die Regierung gab damals keinen Schutz – und heute?

„Hartz IV“ steht für Geldmangel. Wenn Kinder aus solchen Familien aus Geldmangel nicht am Schulessen oder an Schulausflügen teilnehmen können, ist eine sich steigernde Radikalisierung der Gesellschaft (in jeder Hinsicht!) eine leicht vorhersehbare Folge. Das kann man sich an den fünf Fingern abzählen! Übrigens: Im Jahr 2006 erhielten 8,3 Millionen Menschen soziale Unterstützung (Tagesschau 04.09.2008).

Geldmangel?? Mit Riesenbeträgen (mehr als 40 Milliarden Euro) an Steuergeldern, die ja für das Volkswohl (!) einkassiert wurden, hat man Banken saniert. Man hätte für jede Milliarde Euro 1 Million Schulkindern in Deutschland ein Musikinstrument im Wert von 500 Euro kaufen können. Zusätzlich hätte man mit dieser Milliarde einen einjährigen Gruppenunterricht für diese Instrumente bezahlen können. Insgesamt also mehr als genug für alle 15 Millionen Schulkinder.

Für die Gesundheitspflege in unserer Volksgemeinschaft hat man sich etwas „Herausragendes" ausgedacht: Zwecks Zentralisierung und Vereinheitlichung (nix Wettbewerb!) der Gesundheitsfürsorge plant man einen riesengroßen „Topf", aus dem jede regionale Krankenkasse ihre Unkosten ersetzt bekommt. Wunderbar, nicht wahr? Unkosten entstehen aber nur durch <u>Kranke</u>. Für ein gesundes Mitglied bekommt die Krankenkasse nicht einen einzigen Cent. Also muss sich jede Krankenkasse bemühen, bei ihren Mitgliedern irgendwelche Krankheiten zu finden. Die Fernsehsendung „Hauptsache gesund" wird dann umbenannt werden in „Jeder ist irgendwo krank". Der riesige Verwaltungsapparat kostet natürlich viel Geld, das die Versicherten zu bezahlen haben. Die Beiträge der Versicherten steigen erheblich.

Für alte Leute wird gesorgt, indem man ihnen einen Betreuer zuordnet. Das „machte" z. B. ein Bezirksnotar, kein Richter, mit einem ärztlichen Gutachten. Der Notar ist offenbar Familienrichter genug. Diese Kombination ist unschlagbar. Wenn Kapital oder Grundbesitz vorhanden ist, kann ein solcher Betreuer-Posten einträglich sein. Da wurde z.B. ein Betreuerbesuch mit über 450 Euro abgerechnet, „zahlbar aus dem Vermögen der G.B." (Zitat).

Dann wird unter Umständen (wie geschehen) auch entgegen einer vorhandenen Generalvollmacht für pflegende Angehörige halt eben mal so ganz geschwind eine Betreuung angeordnet. Arzt, Krankenkasse und Behörde staunten nur – aber das ist doch immerhin etwas! Das ist angeblich alles „rechtens", und die grundgesetzlich garantierte „Würde des Menschen" wird dabei – natürlich – nicht angetastet. So wird jedenfalls gesagt. Wer also einer Kapital-Betreuung entgehen will, verteilt entweder rechtzeitig sein Geld oder geht mit 80 Jahren in ein Kloster.

Im Lebensmittelhandel bekommt man nichts nach Hause ohne an der Kasse alles bezahlt zu haben. Ein Handwerker oder andere Mittelstandsbetriebe dagegen können erst nach 3 Mahnungen ihr Geld vor Gericht einklagen. Der massive Rückgang der Mittelstandsbetriebe ist statistisch gut belegt und wahrscheinlich auch gebilligt, sonst gäbe es Gesetze, die das verhindern.

Unsere Kinder und Jugendlichen sehen wöchentlich mehrmals auf irgendwelchen Bildschirmen kriminelle Handlungen, die – natürlich! – zur Nachahmung anregen. Dieser Nachahmungseffekt wird zwar bestritten. In Bezug auf die Alkoholwerbung ist aber dieser Nachahmungseffekt bei Jugendlichen durch Untersuchungen belegt (Stuttgarter Zeitung vom 02.09.2008). Diese Werbung kam <u>auch</u> über Bildschirme – über was denn sonst?

Über die Anzahl der „Intensivtäter" unter 14 Jahren mit mehr als 50 Straftaten gibt es keine Veröffentlichungen!! Wer einen Tag vor seinem 14. Geburtstag einen Mord begeht, bekommt in Deutschland nur gesagt: „Das hättest du eigentlich nicht tun sollen." Das war´s dann. Er bleibt straffrei. In Frankreich kommen schon 10-jährige nach Diebstählen in ein „geschlossenes Heim" und lernen dort nachdenken über ihr eigenes und über anderer Leute Leben. Folge: Totaler Mangel an Intensivtätern. „Armes" Frankreich? In den USA erschießt ein 5-jähriger 2 Männer und bekommt Schwierigkeiten: Dummkopf! Das macht man billiger in Deutschland! (StZ. 10.11.2008)

Wer sich mit Alkohol, mit Nervengiften oder mit Gewaltvideos in eine krankhafte Abhängigkeit hineinarbeitet, bekommt Strafrabatt. Stuttgarter Zeitung am 16.08.2008 über einen 15-jährigen Mörder: Zitat: „Das Gericht sah bei ihm krankhafte Abhängigkeit von gewaltverherrlichenden Computerspielen, die Grund für eine mildere Strafe sein könnte" (Zitat Ende). Frage: War diese Abhängigkeit schon bei der Geburt vorhanden?

Insolvenzverwalter haben Freiheiten, bei denen sich mittelalterliche Lehensherren die Finger ablecken würden. Ein Insolventer hat anscheinend weniger Rechte als ein Hartz IV-Empfänger. Wenn z.B. sein Firmen - Mercedes für 100 Euro weggeht, darf er höchstens zusehen. Eine Insolvenzverwaltung macht dies alles möglich – ebenso wie eine „Betreuung".

Öffentliches „Anschwärzen" von Einzelpersonen oder ganzen Familien ist in Deutschland erlaubt. Sat 1 macht das mit der Sendung „gnadenlos gerecht" und stellt Sozialbetrüger und andere an den Pranger („Sonntag Aktuell" der StZ 21.08.2008). Auf der „Rottenneighbor" – Internetseite kann jeder (!) seinen Nachbar schlecht machen; einen echten Grund dafür, einen rechtlichen Hintergrund oder eventuell gar die Wahrheit braucht man dazu nicht. Schlechte Laune genügt völlig (Filder - Zeitung 16.08.2008).

Schon wiederholt haben Gerichte es als „rechtens" erklärt, wenn Schüler anonym (!!) ihre Lehrer im Internet schlecht beurteilen; dabei werden die Lehrer natürlich mit vollem Namen genannt. Mobbing im Internet? Aber ja doch! (siehe ZDF „reporter" 04.09.2008).

Die großen Energiekonzerne erhöhen laufend und massiv ihre Preise für Strom und Gas. Viele Familien können die dadurch entstehenden Mehrausgaben nicht mehr bezahlen und brauchen deshalb soziale „Stütze". Das von den Energiekonzernen kassierte Geld wird jedoch im allgemeinen Geldumlauf fehlen. Der Geldumlauf für Verbrauchsgüter wird aus diesen und weiteren Gründen auf allen Gebieten zurückgehen. Das Wort „Rückgang" heißt auf lateinisch „recessio". Die maßlosen staatlichen Bankensanierungen und ebenso die „Stützen“ für (Groß!-) Betriebe bewirken dasselbe – natürlich alles Steuergelder!

In den vorstehenden Ausführungen wurden eine Reihe von Tatsachen beschrieben, aus denen direkt oder auf Umwegen für jedermann Probleme entstehen können. Es gibt natürlich auch noch andere Quellen für Probleme.

In diesem Buch wird meistens in sehr allgemeiner Form über die Bewältigung von persönlichen Problemen nachgedacht. Das kann dann eine Basis sein, von der ausgehend auch akute Schwierigkeiten und Probleme leichter bewältigt werden können. „Kochrezepte“ für Problemlösungen gibt es höchst selten, dafür aber viele Anleitungen zum Nachdenken.

Einleitung

Dieses Buch enthält keine schöngeistigen Betrachtungen über Armut oder andere Probleme. Dieses Buch enthält Vorschläge, wie man mit verschiedenen Problemen umgehen kann, die uns Menschen im Leben begegnen können. Diese Vorschläge sind großenteils vom Verfasser selbst für sein eigenes Leben erarbeitet und ausprobiert worden. Und Probleme hatte der Verfasser in seinem Leben reichlich. Es ist also ein Buch aus der Praxis für die Praxis.

In diesem Buch werden verschiedene Themen des menschlichen Lebens angesprochen. Es ist natürlich klar, dass diese Vorgänge und Handlungsweisen nicht alle neu sind. Auch die Vorschläge, die hier gemacht werden, können vielen Lesern schon teilweise oder ganz bekannt sein. Wozu dann noch ein Buch?

Der Sinn dieses Buches besteht vor allem darin, menschliche Handlungsweisen von ihrer Grundlage her verstehen zu lernen. Aus diesem Verständnis der Gründe und Abläufe von menschlichen Handlungen heraus kann man dann für sein eigenes Leben und für den Umgang mit den Mitmenschen Nutzen ziehen. Dieser Nutzen kann in zweierlei Richtungen gehen:

Einerseits kann man die eigenen Handlungsweisen durch ein tieferes Verständnis – sofern nötig – beeinflussen oder gar ändern. Das kann sich in vielerlei Formen in Bezug auf das gesamte Leben äußern, also in Bezug auf Geist, Seele, Leib, Gesundheit, Finanzen und -vor allem – auf soziale Kontakte. Gerade bei letzteren ist bei vielen Mitmenschen ein ganz dringender Änderungsbedarf vorhanden. Man betrachte als Hauptbeispiel nur unsere Bildschirmkids. Es ist ganz objektiv feststellbar, dass heutige Kinder fast ausnahmslos ihre Umgebung viel weniger aufmerksam betrachten und beobachten als vor 40 bis 50 Jahren. Und die Gewaltkriminalität unter Jugendlichen steigt, langsam aber stetig. Der Hauptgrund für diese Entwicklung sind die immer weniger werdenden sozialen Kontakte durch übertriebenen Bildschirm-Konsum. Was als treibende Kraft in diesem Prozess wirkt, wird in diesem Buch aufgezeigt. Andererseits können durch ein verbessertes Verständnis der Gründe der einzelnen Verhaltensabläufe beim Menschen die sozialen Kontakte besser verstanden, besser geführt und nötigenfalls auch das Verhalten der Sozialpartner stärker beeinflusst werden.

Insbesondere ist hierbei an die Möglichkeit der korrigierenden Hilfe für das Verhalten der Mitmenschen zu denken, wobei dann allerdings möglichst nie die Grenze der „Hilfe zur Selbsthilfe" überschritten werden sollte. Dieser Begriff ist ein ganz wichtiger Grundsatz in diesem Buch.

Durch diesen Grundsatz ergeben sich z. B. bei der Anwendung von Medikamenten – gleichgültig ob für den Körper oder die Seele – eine ganze Fülle von Problemen. Diese können natürlich in diesem Buch schon aus Platzgründen nur teilweise gestreift werden.

Die Grundlagen für das Verständnis menschlichen Verhaltens werden in diesem Buch im Bereich des Wissenschaftszweiges der biologischen Verhaltensforschung gesucht. In diesem Forschungsbereich hat es hohe wissenschaftliche Auszeichnungen und Ehrungen gegeben. Um niemand zu verletzten, soll nur ein einziger Name genannt werden, der aber weltweit bis in die Boulevardpresse hinein Schlagzeilen gemacht hat: Der Nobelpreisträger Konrad Lorenz. Seine Forschungen haben bei den Graugänsen angefangen. Aber er ist im Lauf seines Lebens immer mehr „auf den Menschen gekommen". Leider sind seine Erkenntnisse und Gedanken bezüglich des sozialen Verhaltens von Einzelmenschen, von Gruppen und Völkern untereinander fast ganz aus der sozialen und politischen Diskussion verschwunden – völlig zu Unrecht. Wie aufgezeigt wird, sind seine Erkenntnisse und Gedanken nicht überholt, sondern immer noch hochaktuell.

Der Verfasser stützt seine Ausführungen in diesem Buch im wesentlichen auf diesen Wissenschaftszweig der Verhaltensforschung sowie auf seine eigenen Erfahrungen, die er - oft mit Hilfe der Verhaltensforschung – gemacht hat. Er sieht deshalb nirgends irgendwelche weltanschaulichen Überzeugungen berührt. Der Grundsatz „Hilfe zur Selbsthilfe“ gehört zu den Grundsätzen der Menschlichkeit.

Erfahrungen mit Problemen hatte der Verfasser - wie schon angedeutet – reichlich. Durch Kriegsfolgen verlor er im Alter von 15 Jahren seine rechte Hand und sein linkes Auge. Wie man mit einer derartigen Beschädigung ein Abitur baut (fast ohne Lehrbücher nach dem Krieg!) und ein Studium der Mathematik und der Biologie bewältigt, hat ihn weder damals noch später jemand gefragt. Wie man unter diesen Voraussetzungen Fahrrad, Moped (!) oder später ein Auto fährt, wie man trotz allem als Kapitän und Steuermann ein Motorboot durch meterhohe Wellen mit viel Treibholz so führt, dass Schiff und Mannschaft „klaglos“ überleben, hat offenbar auch niemand interessiert. – „Klaglos“: Ein ganz wichtiges Wort!

Klagen? Wozu denn klagen? Wozu denn Mitleid erwarten? Seine Devise war: Schwierigkeiten sind dazu da überwunden zu werden. Wozu Hilfsangebote erwarten oder gar annehmen, wenn eine Hilfe nicht unbedingt nötig ist? Selbsthilfe war seine Devise, wann immer sie möglich war! Er machte eben dies alles. Damit ist schon beinahe alles gesagt. Man gibt nicht auf! Nie! Niemals! Gar nie! Behinderungen, Schwierigkeiten: Na und? Der Verfasser sagte sich: Wo Schwierigkeiten sind, muss man eben überlegen, wie man mittels irgendwelchen Tricks diese Schwierigkeiten überwindet. „Dumm“ ist nur, dass unter solchen Voraussetzungen fast überall Schwierigkeiten sind. Macht aber (fast!) nichts aus; das bekommen wir alles in den Griff! Ohne zu klagen! Aber mit vielen Überlegungen.

Beispiele gefällig? Schlagen Sie mal mit nur einer Hand einen Nagel in ein Brett. Oder: Halten Sie sich ein Auge zu und gießen dann Kaffee in eine Tasse (bitte nur am Ausguss ausprobieren). Oder machen Sie bei Schuhnesteln mit nur einer Hand eine Doppelschlaufe. Haben Sie dabei Schwierigkeiten? Der Verfasser hat dabei keine (mehr!).

Solange Krieg war, hat natürlich niemand den Verfasser gefragt, wie er mit seinen Problemen zurechtkommt. Jeder hatte gegen Ende des Krieges genug damit zu tun um auf irgendeine Art und Weise zu überleben.

Andauernd war das Überleben „gefragt“: Auf irgendeine Art und Weise musste man den Fliegerangriffen entkommen – nicht selten waren es Tieffliegerangriffe und dabei ging es oft um Sekunden. Überleben war auch gefragt in bezug auf den Mangel an Nahrungsmitteln, der insbesondere nach dem Krieg ganz drastische Formen annahm. Diese Augen meiner Eltern, wenn sie sagen mussten, dass es eben nur diese eine Kartoffel gibt, weil ... Man denke einmal über die Gefühle auf beiden Seiten nach!

Mangelerscheinungen waren nach dem Krieg die Regel: Mangel an Nahrung, an Kleidung, an Gas, an Wasser, oft an elektrischem Strom, an Werkzug, an Baumaterial (Schrauben und Nägel usw.), an Fensterglas („Drahtglas“ aus Plastik mit Draht, war manchmal zu haben), usw. usw.

Nur an Geld war kein Mangel, aber es war fast wertlos. Mit Geld allein konnte man nichts kaufen, weil alle Käufe durch Zuteilungsmarken oder –Scheine geregelt waren (50 Gramm Margarine; 50 Gramm Wurst; 50 Gramm Brot usw.). Man konnte allerdings auf dem sogenannten „Schwarzmarkt“ diese Dinge zum 10 – 20fachen Preis erwerben.

Erst viele Jahre nach dem Krieg hörte der Verfasser auch Äußerungen des Mitleids. Zwei- oder dreimal hat ein Mädchen (nie ein Junge!) in einem öffentlichen Bad gesagt, er sei „ein armer Mann“. Da nach dieser Äußerung noch genau so viel Geld im Geldbeutel war wie vorher, ist es offenbar sinnvoll, sich über den

Begriff des „Arm-seins“ ein paar Gedanken zu machen. Gibt es denn (im Gegensatz zu den heutigen Äußerungen der Medien und der jeweiligen Oppositionspolitiker) auch noch andere Formen der „Armut“ als nur die finanzielle?

Und keine Sorge: Auch die finanzielle Mangelform hat der Verfasser zur Genüge erlebt, insbesondere während seines Studiums. Jahrelang hat er genauestens notiert, was an „Geldbewegungen“ stattfand. Heute wirken diese Notizbüchlein kurios, aber man wusste immer, „was im Busch war“. Ein derartiges Vorgehen kann man übrigens allen mit Geldmängeln behafteten Zeitgenossen bestens empfehlen.

So ging es auch vielen Mitstudenten damals. Man war „knapp bei Kasse“, aber niemand sagte, er sei „arm“. Es war einfach nicht modern, von „Armut“ zu reden. Außerdem war man nicht übergewichtig, weil man sich Tees machte anstatt der fertigen Süßgetränke heute; kann denn Geldmangel auch Gutes bewirken?

Aber man findet in diesem Buch kein Lob der Armut oder anderer Probleme, obwohl jedermann weiß, dass die Überwindung von Schwierigkeiten die Ausbildung eines „starken“ Charakters fördert. Man findet auch keine Anleitung zur Flucht in Gefühlswelten irgendwelcher Art, gleichgültig, ob man diese Flucht auf psychologischer, pharmakologischer oder weltanschaulicher Basis betreiben wollte.

Man findet in diesem Buch – wie schon gesagt – Vorschläge zum Umgang mit Problemen und Mängeln; diese Vorschläge beruhen zum Teil auf persönliche Erfahrungen, zum Teil aber auch auf wissenschaftlichen Erkenntnissen. Dabei werden die Probleme und Mängel nicht kleingeredet – wie es nicht selten in der Politik gemacht wird – sondern klar ins Auge gefasst.

Diese Vorschläge sollen zum „Tun“ führen, zum eigenen persönlichen Handeln. Ein unablässiges passives Heraus-gezogenwerden aus Problemen baut weder ein Selbstbewusstsein noch eine Leistungsfähigkeit auf, von einem „Seelenfrieden“ ganz zu schweigen. Wie wichtig jedoch seelische Gesundheit für die körperliche Gesundheit ist, ist ja durch die Erkenntnisse der psychosomatischen Medizin hinreichend nachgewiesen worden. Und deshalb wird immer und immer wieder von „Hilfe zur Selbsthilfe" gesprochen. Hut ab vor jedem Rollstuhlfahrer, der in irgendeiner Form am öffentlichen Leben teilnimmt!

Dieses Nicht-aufgeben, dieses Sich-durchbeißen, das in den obigen Zeilen angedeutet ist, ist keineswegs nur ein Wunschtraum oder ein Phantasieprodukt des Verfassers, sondern man kann es durchaus da und dort vorfinden. Dazu als Beispiel eine Überschrift in „Sonntag Aktuell" (Sonntagsausgabe der Stuttgarter Zeitung) vom 23.12.2007: „Ein reiches Leben im Rollstuhl". Und im Text lesen wir, dass der Sportler Silvano Beltrametti, der eine Querschnittslähmung hat, sagt: „Ich bin froh, auch im Rollstuhl immer noch ein reiches Leben führen zu können." Hallo! Bitte genau hinsehen! Hier ist von „Reichtum" die Rede, und das ist das Gegenteil von „Armut"! Weil die Medien nicht von solchem „Reichtum" reden sind sie alle arm dran! Jawohl!

Und am 24.01.2008 konnte man in der Stuttgarter Zeitung lesen: „Mit blinden Schülern auf dem Dach der Welt". Die Leiterin der Blindenschule in Lhasa (Tibet) wird wie folgt zitiert (Frau Sabriye Tenberken): „Ich habe gelernt, die Blindheit in eine Chance zu verwandeln". Auch so kann man mit Problemen umgehen! Falls man will! Am 01.08.2008 wird in der „Apotheken Umschau" ein Schlaganfallpatient zitiert: „Mein Leben hat sich auch positiv verändert. "

An jedem Stammtisch und bei jedem Kaffeekränzchen ist man doch der Überzeugung: Solche Menschen sind „arm dran". Warum aber strahlen dann gerade solche Menschen einen großen Lebensmut und Lebenswillen aus? Weil ihr Grundsatz ist: Ich will, ich kann, ich gebe niemals auf!

Und natürlich entsteht an dieser Stelle die Frage: Kann man sich von diesem Lebenswillen „ein Stück abschneiden"? Diese Form eines „Diebstahls“ wird wohl nicht einmal unser Innenminister verbieten, und das will viel heißen.

Dieses Buch ist dazu da, dass man sich „ein Stück abschneidet“, ein möglichst großes „Stück“ sogar.

„Aggression“

Um Gründe und den Ablauf menschlicher Handlungsweisen zu verstehen und sie evtl. zu beeinflussen, müssen wir zunächst ein wenig in die Grundlagenforschung hineinblicken.

Die verschiedenen Handlungsweisen der Menschen werden in diesem Buch meistens in der Sichtweise der sog. biologischen Verhaltensforschung beschrieben und erklärt. Das ist eine Forschungsrichtung, die in den letzten Jahrzehnten stark in den Hintergrund getreten ist. Dies geschah mit Sicherheit zu Unrecht, hat doch dieser Wissenschaftszweig auch für wissenschaftliche Laien vieles dazu beigetragen, die Handlungsweise der Menschen im Alltag zu beschreiben und zu verstehen. Manche Denkweise und mancher Begriff aus dieser Forschungsrichtung ist in unser alltägliches Reden und Handeln eingegangen ohne dass wir uns dessen deutlich bewusst sind. Vor allem anderen gilt dies für den Begriff „Aggression“.

An dieser Stelle muss eine kleine Abschweifung in Richtung der Tiere erlaubt sein. Die Haltung von Wildtieren in unseren Zoos und die Haltung von Nutztieren in Ställen und Gehegen basiert heute fast ausschließlich auf den Erkenntnissen der Verhaltensforschung. Erinnert sei an die Begriffe „artgerechte Haltung“ und „Revierverhalten“. Fast jeder kennt den Begriff „Platzhirsch“ (Revierchef). Wenn z.B. ein Lehrer (wie es dem Verfasser ergangen ist) vor einer Klasse mit 44 Schülern im Alter von ca. 16 Jahren – damals eine reine Jungenklasse – steht, ist es für das Überleben des Unterrichtenden und des Unterrichts ganz gut, wenn er über das Verhalten eines „Leitwolfs“ (Rudelboss) einiges weiß und dieses Wissen situationsgerecht (!) anwendet. Denn das unter Wölfen übliche Beißen war natürlich ausgeschlossen.

Wenn Politiker ihre Reden blumig ausgestalten wollen, greifen sie oft nach Begriffen aus der Verhaltensforschung, was bei Missgriffen u.U. selbst bei Laien zu Lachkrämpfen führen kann.

Das ist aber trotzdem eine echte Kulturbereicherung. Denn Kultur und Verstand sind zweierlei!

Zurück zur Wissenschaft. Der Verfasser hat – wie gesagt – Biologie studiert. Unter all den verschiedenen Forschungszweigen hat ihn vor allem die Verhaltensforschung interessiert. Das Verhalten der Tiere im Hause, im Wald, auf den Feldern und Wiesen betrachtet man mit ganz „anderen Augen“, wenn man Kenntnisse aus der Verhaltensforschung hat.

Ganz besonders interessiert fand er die Untersuchungen über menschliches Verhalten. In seinen Studienjahren gab es Denkrichtungen, welche die Gleichheit von Jungen und Mädchen propagierten. Kurz formuliert wurde ungefähr behauptet: Ein Junge mit einer umgebundenen Schürze benimmt sich wie ein Mädchen. Zur Klarstellung: Wörtlich so hat es allerdings niemand ausgesprochen. Und die Verhaltensforscher haben damals durch Untersuchungen in wenig kulturbelasteten Volksgruppen nachweisen können, dass das Verhalten von Jungen und Mädchen, insbesondere das Spielverhalten, deutliche Unterschiede aufweist. Heutzutage werden diese Unterschiede nicht mehr bestritten.

Hochinteressant fand der Verfasser auch die Anwendungen der Erkenntnisse der Verhaltensforschung in seinem Beruf als Lehrer. Das Verhalten von Kindern ist ja noch erheblich ursprünglicher und daher ausdrucksstärker als das Verhalten von Erwachsenen.

Die große Bedeutung der Verhaltensforschung zeigt sich auch darin, dass einzelne Forscher, z.B. Konrad Lorenz, der vor allem an Graugänsen forschte, mit dem Nobelpreis und anderen Auszeichnungen bedacht worden ist. Der sog. Prägungsvorgang bei Graugänsen ist weltweit bekannt geworden: Für die Graugänse wird jedes Objekt absolut und unwiderruflich als „Elternfigur“ festgelegt, das sie als erstes Objekt nach dem Schlüpfen sehen, sofern dieses Objekt sich bewegt und außerdem noch Geräusche von sich gibt. Das fast Unglaubliche bei diesem Vorgang ist, dass die

Form der „Elternfigur“ ziemlich gleichgültig ist. Diese Elternfigur kann sogar sehr eigentümliche Formen aufweisen, sie muss auch nicht lebendig sein. Die Tragik: Auch als Ehepartner wird dann ein derartiges Objekt gewählt, auch wenn der ganze Vorgang noch so naturwidrig und absurd ist.

Konrad Lorenz hat versucht, Ergebnisse der Verhaltensforschung zu friedensfördernden Verhaltensweisen zwischen den Menschen, vor allem auch zwischen den Völkern, auszubauen. Er hat diese Gedanken vor allem in seinem Buch „Das sogenannte Böse“ zusammengefasst, ein viel zu wenig beachtetes Buch.

Unter all den verschiedenen Begriffen der Verhaltensforschung spielt der Begriff „Aggression“ wohl die größte Rolle. Er ist sogar als eine Selbstverständlichkeit in den alltäglichen Sprachgebrauch eingegangen. Einerseits beweist diese Tatsache die Wichtigkeit dieses Begriffes, andererseits beweist dieser Vorgang die große allgemeine Wichtigkeit der gesamten Verhaltensforschung überhaupt und ihre Nähe zum normalen alltäglichen Leben.

Bei der Popularisierung dieses Begriffes ist ihm allerdings das Schlimmste „angetan“ worden, was einem wissenschaftlichen Begriff überhaupt passieren kann: Seine Bedeutung wurde total verändert! Er ist also das Opfer seiner eigenen Popularisierung geworden. Die Gründe für diesen Bedeutungswechsel sind natürlich vielfältig, aber die Medien mit ihrer Sucht nach Schlagworten haben dabei eine erhebliche Rolle gespielt.

Was bedeutete dieser Begriff nun eigentlich ursprünglich?

Er stammte von dem lateinischen Wort „aggredi“ her. Genau genommen bedeutet dieses Wort „auf etwas zugehen“.

Das bedeutet, dass dieser Begriff „Aggression“ ursprünglich als absolut und völlig neutral gedacht war sowohl in Bezug auf irgendwelche Gefühle, als auch in Bezug auf irgendwelche ethischen oder moralischen Werte. Noch einmal: Völlig neutral!

Praktisch bedeutet das, dass sowohl in Beschimpfungen und in Prügeleien als auch – und man beachte dies sehr genau – in herzlichen Begrüßungen in Umarmungen die sog. „Aggression“ enthalten ist, denn beide Male ist man ja „aufeinander zugegangen“. So also wurde dieser Begriff ursprünglich definiert!

In unserer heutigen Gesellschaft, vor allem in allen Medien, wird aber dieser Begriff nur noch in einer negativen Bedeutung verwendet. Er beschreibt also nur noch Handlungsweisen, die man als ethisch und moralisch negativ bezeichnen muss und die daher abgelehnt werden müssen. Vor allem beschreibt er heute zerstörerische Vorgänge. Das ist aber ein ganz erhebliches Dilemma.

Um aus diesem Dilemma herauszukommen, wird in diesem Buch folgendes vereinbart: Die „Aggression“, eine ursprünglich als völlig neutral betrachtete Kraft, heißen wir „Aktionskraft“. Wir haben damit ebenfalls einen völlig neutralen und nicht vorbelasteten Begriff. Diese Kraft treibt uns immer wieder zu den verschiedensten Handlungen, bei denen möglichst viel Muskeltätigkeit im Spiel sein sollte, damit diese Kraft „verbraucht“, d.h. abgebaut wird.

Treibt uns nun diese Kraft zu Handlungen, die ethisch negativ zu bewerten sind, also zu zerstörerischen Handlungen, nennen auch wir sie „Aggression“, wie es schon volkstümlich geschieht. Das zugehörige Eigenschaftswort ist „aggressiv“; es kennzeichnet also eine Handlungsweise oder eine Redeweise. Wie das nun eben in einer lebenden Sprache gerne geschieht, wird das Eigenschaftswort „aggressiv“ auch auf Menschen angewendet, was eine volkstümliche Erweiterung seiner Anwendung ist. Man meint damit einen aggressionsbereiten Menschen.

„Aggression“ wirkt also zerstörerisch oder - ethisch betrachtet – rundherum negativ.

Der Gegensatz zur Zerstörung steht der Aufbau. Deshalb bezeichnen wir eine aufbauend wirkende Aktionskraft als „Konstruktivkraft“. Die von ihr gesteuerten Handlungsweisen sind aufbauend, eben konstruktiv oder - ethisch betrachtet – rundherum positiv. Wir haben somit folgendes Schema:

Aktionskraft

(umfassend, neutral)

Konstruktivkraft — **Aggression**

(aufbauend, ethisch positiv) — **(zerstörerisch, ethisch negativ)**

Der Ehrlichkeit wegen muss man hier noch anfügen, dass diese Unterscheidung in zwei eindeutig unterscheidbare Bereiche bei der Anwendung auf tierisches Verhalten natürlich meistens nicht möglich ist. Wir haben ja die Ethik ins Spiel gebracht, und die „Ethik" eines Fuchses oder eines Wolfes ist natürlich eine ganz andere als menschliche Ethik.

Diese Aufteilung in zwei klar voneinander unterscheidbare Bereiche der Handlungsweisen erscheint nicht nur zweckmäßig, sondern auch notwendig. Man stelle sich einmal vor, dass heutzutage ein Verhaltensforscher einen Vortrag hält, in dem er Hilfsbereitschaft, Pflege, Sport und alle Formen der Begrüßung als Ausdrucksformen der „Aggression" bezeichnet – was rein wissenschaftlich gesehen korrekt wäre. Damit würde er von seinen Zuhörern fast nur maßloses Unverständnis ernten.

Die Verhaltensforschung sagt also nun folgendes aus auf Grund ihrer Untersuchungen an unzähligen Verhaltensweisen und Handlungsabläufen bei den Menschen und den sog. „höheren" Tieren:

In uns Menschen wird ebenso wie in Säugetieren und Vögeln (bei den anderen Tiergruppen liegen die Dinge nicht so klar auf der Hand) fortlaufend und selbsttätig eine „Kraft" erzeugt und aufgebaut, die sich in irgendeiner Form „abreagieren" möchte. Diese Kraft ist also keine Reaktion eines Organismus auf irgendwelche Einwirkungen der Umwelt, sondern ein Ergebnis der in diesem Organismus ablaufenden Lebensvorgänge. Die Erzeugung dieser Kraft ist somit ein völlig autonomer Vorgang; sie ist völlig unabhängig von der Umwelt und von allen seelischen „Umständen“

Der Abbau und die Abreaktion dieser Kraft ist normalerweise mit Muskelarbeit verbunden. Gedanken oder intensive Gefühle reichen bei uns Menschen zum Abbau dieser Kraft offenbar nicht aus, sondern sie wird (großenteils oder ganz?) in Muskeltätigkeit umgesetzt. Man kann zwar auch durch Lernvorgänge oder durch Büroarbeit müde werden. Aber wohl jeder weiß aus eigener Erfahrung, dass es uns nach längerem Sitzen dazu drängt, aufzustehen und möglichst auch ein paar Schritte zu gehen. Der völlige Abbau dieser Aktionskraft durch reine „Kopfarbeit“ ist also offensichtlich nicht möglich, obwohl diese „Kopfarbeit“ auch müde macht, denn die „Denkarbeit“ führt zu Muskelverspannungen.

Es ist noch eine kleine Anmerkung wichtig: Wir hatten den Begriff „Kraft“ teilweise in Anführungsstriche gesetzt, weil dieser Begriff in der Physik eine klar umrissene Definition und Bedeutung hat. Der bei uns hier verwendete Begriff der „Kraft“ beschreibt ein komplexes Gebilde ohne eine derartig exakte Definition. Es kommt in der Verhaltensforschung lediglich auf die Auswirkung dieser Kraft in Form von Handlungen an. Deshalb ist es möglich ohne exakte Definition dieser „Kraft“ auszukommen, wenn auch dieser Mangel sehr zu bedauern ist.

Es kommt also bei längerer Ruhigstellung des Körpers zu einem „Kraftstau“, zum Aufbau einer „Spannung“ – und auch hier ist dieser Ausdruck nicht physikalisch zu verstehen, sondern eher bildhaft.

Ganz wichtig in diesem Zusammenhang ist nun folgendes: Genau so wie die Aktionskraft selbst ist auch der Kraftstau, die sog. „Spannung“, ethisch und moralisch grundsätzlich vollkommen wertneutral. Irgendeine Form der Bewertung ist – wie schon angedeutet – nur durch die Art des Abbaus dieses Kraftstaus, dieser Spannung möglich. Nur die bei diesem Abbau des Kraftstaus entstehenden Handlungen können ethisch und moralisch beurteilt werden.

Wie ebenfalls schon angedeutet, kann man zwei grundsätzlich verschiedene Formen des Abbaus dieser Spannung unterscheiden. Die Aktionskraft spaltet sich dabei auf in die Konstruktivkraft und in die Aggression. Die Unterscheidungsmerkmale sind also ausschließlich die Auswirkungen des Abbaus der Spannung. Diese Auswirkungen beurteilen wir mit den Kategorien einer menschlichen Ethik, denn wir betrachten ja jetzt nur Vorgänge beim Menschen.

Wir finden also folgende zwei Formen des Spannungsabbaus:
Der Abbau dieser „Spannung", des Kraftstaus, geschieht in ethisch positiver, sozial und (!) individuell aufbauender Form: Wir sagen dazu „konstruktiv".

Der Abbau dieser „Spannung", des Kraftstaus, geschieht in ethisch negativer, sozial und individuell „abbauender" oder zerstörerischer Form: Wir sagen dazu „aggressiv".

Offen bleibt dabei der genaue Inhalt und die Herkunft dieser Ethik. Aber durch die Worte „aufbauend" und „abbauend" ist ein deutlicher Rahmen gesetzt. Dieser Rahmen muss genügen.
Zu 1: Der „positive" (konstruktive) Abbau des Kraftstaus (Spannung) kann durch sozial positive Aktivitäten geschehen, wobei das Wort „sozial" sehr großzügig ausgelegt werden soll. Man kann dabei denken an die Arbeit, den Sport, an Pflege von Kranken, an Wandern, an Gartenpflege, an direkte soziale Hilfen usw.

Konstruktives Handeln kann sehr angenehm sein: Wenn jemand längere Zeit vor dem Fernsehgerät sitzt, drängt es uns – wie schon beschrieben – zu irgendwelchen Handlungen. Ist dann eine Tüte Kartoffelchips erreichbar, kann der „aufbauende" Charakter dieses Handelns tags darauf mit dem Maßband am Bauchumfang oder mit der Waage nachgewiesen werden. So einfach kann „Aufbau" aussehen!(Das ist natürlich halb wissenschaftlich und halb schalkhaft gemeint.)

Zu 2: Was aggressives, abbauendes, zerstörerisches Handeln ist, muss nicht groß an Beispielen erklärt werden. Denken wir noch einmal kurz an unseren Fernsehgucker: Ein (leicht) aggressiver Abbau seines Kraftstaus liegt dann vor, wenn er seinem Kraftstau bei einem Fußballspiel durch Schlagen (hoffentlich nur auf seine Schenkel!) Erleichterung verschafft. Für einen Spannungsabbau durch Werfen hat die Menschheit Sofakissen und Plastikgeräte erfunden. Ein echter Fortschritt! (Und schon wieder hat ein Schalk dazwischen gefunkt).

Wir haben bisher über die Entstehung der Aktionskraft und über ihren Abbau nachgedacht. Es ist noch die Frage offen, ob diese Kraft nicht ein angeborenes, also ein naturgegebenes Ziel hat oder ob sie auch in dieser Hinsicht völlig neutral ist. Wegen der relativ großen Freiheit des Menschen bezüglich erbbedingter Festlegung (die ihn sogar befähigt, auch in ziemlich lebensfeindlicher Umgebung zu überleben oder gar neue Lebensräume zu erobern) müssen wir allerdings damit rechnen, dass dieses Ziel nicht leicht zu finden sein wird.

Wenn auch in den nun folgenden Zeilen nicht direkt der Begriff „Anbahnung" auftritt, so sind diese Kenntnisse jedoch wichtig um die Anbahnung von Handlungen und Gefühlen besser zu verstehen.

Man hat deshalb erst in jüngster Zeit ein paar Hinweise auf ein Ziel der Aktionskraft gefunden. Der nur schwach vorhandene Drang zu diesem Ziel – schwach wegen der schon erwähnten relativ schwachen Festlegung des Menschen durch Erbanlagen – ist leicht zu überspielen und wurde deshalb bisher meistens übersehen.

Kurz und bündig: Das biologisch festgelegte Ziel dieser

Aktionskraft sind soziale Handlungen, also hauptsächlich: Handlungen zum Wohl der Mitmenschen. Das ist so, auch wenn die fortlaufend sich steigernde Brutalität in unserer Gesellschaft" eine andere Sprache zu sprechen scheint". Das ist ganz wörtlich zu verstehen: Unsere natürlichen Anlagen zielen mehr auf ein soziales Handeln als auf das Gegenteil. Gibt es dafür Beweise oder wenigstens massive Hinweise?

Da ist, schon von weitem erkennbar, der in uns vorhandene „Pflegetrieb". Ohne einen starken Pflegetrieb wäre natürlich die Menschheit längst ausgestorben. Für irgendwelche nicht menschlichen Pflegeobjekte – Säugetiere wie Hund und Katze, Aquarientiere, Schildkröten, Käfigvögel, schöne Pflanzen im Haus – werden jedes Jahr in Deutschland viele Millionen Euro ausgegeben. Das sind jedoch alles nur Ersatzobjekte für den Pflegetrieb an Stelle des Hauptobjekts: Unsere Kinder .

Hand auf Herz: Wir fühlen uns doch beim Umgang mit Menschen – von ein paar Nervensägen abgesehen – irgendwie wohler und ausgefüllter als beim Umgang mit Dingen.

Das ist zwar nur ein schwacher, aber immerhin doch ein deutlicher Hinweis dafür, dass wir etwas in uns tragen, was uns mit unseren Mitmenschen zusammenbinden möchte. Die Lehre Darwins, dass im Überlebenskampf jeder gegen jeden kämpfen muss, kann schon deshalb nicht stimmen, weil unsere Vorfahren größere Schwierigkeiten nur innerhalb einer kooperativen Gemeinschaft bewältigen konnten. Man denke nur an die Erlegung eines größeren Beutetieres.

Es gibt noch mehr Hinweise in dieser Richtung. Der Psychologe Joachim Bauer (Universität Freiburg i. Br.) hat ebenso wie auch andere Forscher durch verschiedene Untersuchungen festgestellt, dass der Mensch ganz spezielle Nervenzentren besitzt, die fast ausschließlich bei sozialen Tätigkeiten aktiv werden. Diese Zentren wurden sogar in Magnetresonanztomographen bei ihrer Tätigkeit sichtbar gemacht und lokalisiert. Das ist also eine völlig objektive Feststellung.

Ferner schreibt der Verhaltensforscher Bernhard Hassenstein schon 1973 in seinem Buch „Verhaltensbiologie des Kindes" (S.60):
(Zuvor noch der Hinweis, dass das Wort „aggressiv" damals neutral verstanden wurde, also sowohl konstruktives als auch destruktives Verhalten einschloss.)

Zitat: „Das aggressive Auskundschaften der Wesensart des Partners und der Regeln des Zusammenlebens hat notwendigerweise ein Ziel eigener Art: Es besteht darin, dass der Partner auch wirklich reagiert..... Das einzige sinnvolle Ziel ist die klärende Antwort des Partners." Das heißt: Das soziale Miteinander ist also „gefragt".

Wir können aus diesen Ergebnissen somit den Schluss ziehen, dass der Mensch ein (gutes?) Stück weit in seinen Erbanlagen auf soziale Beziehungen (!) hin angelegt ist. Das betrifft aber zunächst nur die Richtung der Erbanlagen. Ob die Handlungen und das Verhalten dann positiv oder negativ zu bewerten sind, ist eine weitere, zweite Frage.

B. Hassenstein weist darauf hin, dass eine Antwort des Sozialpartners unbedingt erwartet wird. Es liegt jedoch nicht nur nahe, sondern wir wissen auch aus dem Alltag, dass Form und Inhalt einer Antwort normalerweise der Form und dem Inhalt einer vorhergegangenen Anfrage entsprechen. Auf eine freundliche Anfrage erwartet man eine freundliche Antwort – und bekommt sie auch meistens. Eine Enttäuschung bei einem solchen Vorgang führt fast immer zu aggressivem Verhalten. Das weist darauf hin, dass bei einem seelisch gesunden Menschen die beiden „Kanäle" der Aktionskraft – also der konstruktive und der destruktive Kanal – klar voneinander getrennt sind. Wenn jedoch ein Wechsel von freundlicher Frage zu unfreundlicher Antwort stattfindet, ist ein Abbruch des Gesprächs (oder der Kontakte überhaupt) ziemlich nahe gekommen.

Die Erwartung, dass eigene Freundlichkeit auch bei dem Sozialpartner Freundlichkeit produziert, ist also vermutlich kein Lerneffekt, sondern sehr wahrscheinlich eine angeborene Eigenschaft. Um uns in unserer Umwelt zurechtzufinden, brauchen wir ein starkes „Maß“ an Vertrauen auf die Stetigkeit und Berechenbarkeit der Vorgänge um uns. Ein reichlich unstetes Verhalten eines Menschen wirkt deshalb geradezu krankhaft auf uns. Übrigens weist auch die Tatsache auf ein angeborenes Empfinden in dieser Sache hin, dass wir den umgekehrten Vorgang – Freundlichkeit nach Aggression – als geradezu absurd empfinden. Von der Wichtigkeit und großen Bedeutung eines umfangreichen Vertrauens wird an anderer Stelle noch die Rede sein. Auf eine unfreundliche, aggressive Anfrage kommt – wie gesagt – meistens eine ebenfalls unfreundliche Antwort. Der Volksmund drückt das so aus: „Wie man in den Wald hineinruft, so hallt es zurück“. Diese Formulierung drückt das Wissen um die Normalität der Stetigkeit unübertreffbar klar aus.

Wie schon angedeutet, ist es völlig entgegen diesem Wissen und entgegen jeglicher Erfahrung, wenn wir auf eine unfreundliche, aggressive Anfrage eine freundliche und mitfühlende Antwort erhalten. Ein derartiges Verhalten steht außerhalb unserer Erfahrung und Erwartung. Es ist deshalb wohl nicht zu drastisch formuliert, wenn der „Erfolg“ eines solchen Verhaltens damit beschrieben wird, dies sei wie wenn man „Feuer auf den Kopf seines Gegenübers“ legen würde. So drückt es jedenfalls die Bibel aus.

Am schlimmsten wirkt es sich aus, wenn ein intensiv erwartetes positives Antwortverhalten völlig ausbleibt, weil der Anfragende bewusst ignoriert wird. Der Verfasser hat dies (nur einmal!) bei einer Person angewendet, die seiner Überzeugung nach scheinheilig war. Die Wirkung war geradezu verheerend. Die Erwartung eines Antwortverhaltens ist uns eben angeboren!

Wir haben mit den bisherigen Ausführungen ein gewisses

Verständnis der Aktionskraft und ihren konstruktiven bzw. aggressiven (zerstörerischen) Unterabteilungen gewonnen. Es geht jetzt um praktische Anwendungen dieses Verständnisses.

Dazu muss noch einmal klargestellt und betont werden, dass die Aktionskraft grundsätzlich ethisch wertneutral ist. Eine Wertung findet erst durch die Art der Handlungen und vor allem durch deren Ergebnisse statt.

Außerdem muss noch einmal klargestellt werden, dass der Mensch im Gegensatz zu fast allen Tierarten in Bezug auf seine Handlungen weitgehende Freiheiten bezüglich der gedanklichen Anbahnung und der nachfolgenden Durchführung der Handlungen hat.

Erbbedingte Festlegungen bei diesen Vorgängen liegen gemäß den Ergebnissen der Forschungen an eineiigen Zwillingen höchstens (!) bei 25 bis 30 Prozent.

Natürlich werden uns nicht nur Anwendungen unserer Erkenntnisse in Bezug zur Erwachsenenwelt mit den dortigen Anbahnungsvorgängen von Verhaltensweisen interessieren, sondern – mindestens gleich stark – auch derartige Vorgänge bei der Erziehung von Kindern. Dabei müssen wir uns immer vor Augen halten: Gedanken, Gefühle und Handlungen schaffen Anbahnungen und Bahnungen für ein Verhalten und gleichzeitig dadurch auch Bindungen (!) an dieses Verhalten.

Wir haben bisher manches über soziale Beziehungen gesprochen. Wenn wir nun weiterhin über Anbahnungen von Verhaltensweisen und Gefühlen sprechen, werden wir zunächst vor allem von Anbahnungen im Bereich unseres Sozialverhaltens reden. Zuvor sind jedoch ein paar Abschweifungen nötig.

Zunächst soll kurz angedeutet werden, dass wir natürlich auch in nichtsozialen Vorgängen Anbahnungen finden. Der erste Umgang mit einem technischen Gerät wird in der Zukunft unsere Einstellung solchen Geräten gegenüber stark beeinflussen. Es wird deshalb zweckmäßig sein, an alle solche Geräte mit freudiger Erwartung heranzugehen, die allerdings auch eine gute „Prise" Reserviertheit enthalten sollte. Insbesondere wäre dies bei Kindern wichtig.

Mit solchen Betrachtungen sind wir aber schon ein Stück weit in die Bereiche der Suggestion und der Lerntechnik eingedrungen, denn diese Dinge können ja niemals fein säuberlich voneinander getrennt werden. Von diesen Bereichen wird später noch in besonderen Kapiteln die Rede sein.

Da wir gerade von Kindern reden, muss hier der Umgang von Kindern mit dem Geld erwähnt werden. Es liegt einfach logischerweise sehr nahe, dass der Umgang mit den ersten drei oder vier frei verfügbaren Geldbeträgen den späteren Umgang mit Geld massiv beeinflussen wird.

Wer also ein Kind in diesen Bereich einführen will, sollte sich vorher Gedanken darüber machen, was er anbahnen will. Wird nur ein schnelles „Verputzen" angebahnt, wird sich dieses Verhalten wahrscheinlich immer fester etablieren. Geld kann (und soll!) ein Stück weit Freude bereiten, aber Freude kann sowohl durch Süßigkeiten als auch durch soziale Handlungen erzeugt werden – wie man heute weiß, haben wir ja die zugehörigen Erbanlagen (Gene)!

Ähnliches gilt auch für den Umgang mit der körperlichen Gesundheit und der allgemeinen Leistungsfähigkeit. Wer ein Kind öfters nach Kopfweh, Bauchweh oder nach Müdigkeit fragt, bahnt genau diese Dinge an, denn diese Fragen enthalten auch ein Stück Suggestion. Wenn ein Kind von sich aus nichts von diesen Dingen sagt, hat es diese Dinge auch nicht – oder vernachlässigbar wenig.

Wer einem kleinen Kind erzählt, der Lehrer werde ihm in der Schule dann schon noch „gutes" Verhalten beibringen, bahnt möglicherweise eine Ablehnung aller Lernvorgänge an. Wer jedoch alles Können und Wissen eines Kindes anerkennend beantwortet bahnt eine stetig wachsende Freude an allen Lernvorgängen an.

So bahnt man „Selbstläufer“ an, nicht nur für alle Lernvorgänge, sondern auch für das gesamte Leben. Um eine(n) solche(n) „Selbstläufer(in)“ zu bekommen, lohnt es sich doch wirklich vor einer Anbahnung über das Ganze nachzudenken.

Jede Anbahnung enthält auch ein Stück Suggestion, und es wird zweckmäßig sein sich zu überlegen, ob man aufbauende oder destruktive Suggestionen haben – oder seinen Mitmenschen geben – will. (Wer Suggestion grundsätzlich ablehnt, darf auch keine Zeitung lesen oder einen Politiker reden hören.)

Jetzt sind wir also wieder bei den sozialen Anbahnungen. Das ist ein riesengroßes Gebiet, und wir wollen und können uns nur ein paar Beispiele ansehen.

Ein solches Beispiel ist das Begrüßungsverhalten des Menschen. Darin ist ja ein großes Stück Aktionskraft enthalten. Es ist deshalb sehr wichtig, welche Gefühle bei dem „Gegenüber“ durch einen Gruß angeregt werden. Insbesondere ist dies bei Kindern wichtig.

Es ist eigentümlich, dass ein einfaches „Hallo“ viel mehr Gefühlsnuancen enthalten kann, als das zeitlich längere „Grüß Gott“. Vermutlich liegt dies vor allem an der Kombination der Vokale. Jedenfalls bahnt man mit diesem Universalinstrument die nachfolgende Beziehungen in starkem Umfang an. Ein aufgewecktes Kind weiß offenbar nach dem ersten „Hallo“ schon sehr viel über die weitere Entwicklung der Beziehungen, denn diese sind damit angebahnt. Diesen Eindruck bekommt man jedenfalls durch aufmerksame Beobachtung; eine andere Forschungsmethode steht ja nicht zur Verfügung. Die Kanäle für die Aktionskraft sind durch dieses erste „Hallo“ schon ein Stück weit gegraben.

Man bezeichnet diese Vorgänge auch als „Intuition“. Dieser vage Begriff wird aber erst durch das Verständnis der Aktionskraft und ihrer Wirkungsweise klarer.

Diese Ausführungen zum Grußverhalten beim Menschen weisen auch noch auf einen weiteren wichtigen Faktor bei den Anbahnungen hin: Den Überraschungsfaktor. Man sagt ja auch: Der erste Eindruck von einem Menschen oder einer Sache ist „entscheidend". Wenn man also einen anderen Menschen in irgendetwas einführen will – sei es eine neue soziale Beziehung, sei es ein Betrieb, eine Arbeit oder was auch immer – der „erste Eindruck" bewirkt eine außerordentlich starke Anbahnung des weiteren Verhaltens. Natürlich gilt dies bei Kindern noch erheblich mehr als bei Erwachsenen.

Weshalb hat nun eigentlich der Überraschungsfaktor so starke Auswirkungen?

Auch bei dieser Frage erhalten wir aus dem Verständnis der Wirkungsweise der Aktionskraft wichtige Hinweise zum Umgang mit dem Überraschungsfaktor.

Wie schon wiederholt dargelegt wurde, sucht die Aktionskraft Kanäle für ihre Abreaktion. Sie findet solche Kanäle unter anderem in einem Antwortverhalten gegenüber den Geschehnissen, die auf einen Menschen zukommen. Je mehr Zeit nun für den Aufbau einer solchen Antwort zur Verfügung steht, desto umfangreicher wird die „Antwort" ausfallen. Eine Antwort enthält aber immer auch ein Stück Abwehr gegen diese Geschehnisse.

Bei einer Überraschung kann jedoch wegen der fehlenden Zeit keinerlei Antwort – und deshalb auch keine Abwehr – aufgebaut werden. Die anbahnende Kraft einer Überraschung kommt deshalb voll und ganz zur Auswirkung. Das ist Suggestion in Perfektion! Darüber aber mehr im Kapitel „Suggestion".

Man sieht: Auch aus diesem Grunde ist die Erziehung von Kindern keine reine „Hoppla-Sache".

Es lohnt sich ganz offensichtlich, durch positive Überraschungen eine positive Zuwendung zu positiven Erziehungszielen anzubahnen. Durch eine solche Anbahnung erhält man relativ leicht sogenannte „Selbstläufer", wenn man noch eine gute „Prise" Ehrgeiz in die Seelen solcher Kinder (oder Erwachsenen!) einpflanzt.

Man kennt doch hoffentlich das Sprichwort von dem „Hund, den man zum Jagen tragen muss“? Ohne Motivation „läuft“ nichts!

Der Abbau und Verbrauch der Aktionskraft schafft ein angenehmes und freudevolles Empfinden. Kinder empfinden des meist noch stärker als Erwachsene. Daher kommen auch die vielen „Hänseleien“ unter Kindern.

Dazu ein erlebtes Beispiel: Ein Neunjähriger ärgerte seine 5-jährige Schwester ein wenig. Nicht direkt boshaft, sondern eher halb freundlich. Aber jedenfalls ärgerte er sie. Deshalb wurde er ermahnt, das Ärgern zu unterlassen. Wie aus der Pistole geschossen kam seine Antwort: Das ist aber doch so schön! – Ein Verhaltensforscher kann dazu nur schweigen, denn der Junge hatte ja recht, aber das darf man natürlich nicht sagen.

Da fallt jedermann das Sprichwort ein: „Was sich liebt, das neckt sich“. Und baut dabei die Aktionskraft ab. Alle 3 Tätigkeiten sind „schön“.

Gehen wir also einen Schritt weiter und betrachten das sehr schwierige Gebiet der Sexualität. Sie ist eine absolute und allgemeine biologische Gesetzmäßigkeit, die auch bei allen „höheren“ Tierarten sehr spezielle Verhaltensweisen zur Folge hat. Man kann sie also nicht ignorieren oder abschaffen, sondern jeder muss sich mit seiner Sexualität auseinandersetzen.

Wir wollen auch weiterhin bei einer biologisch-sachlichen Betrachtungsweise dieser Frage bleiben. Denn verhaltensbiologisch gesehen ist sie eben ein Kanal neben mehreren anderen, in welche die Aktionskraft einströmen kann.

Neben anderen, wie schon die sprachlichen Beschreibungen anderer Handlungsformen zeigen: Jemand kann sich in irgendeiner Aufgabe „verlieren“, man kann sich z.B. in einer Pflege „aufopfern“, oder man kann in irgendeiner Form von Monomanie wie z. B. Reinigungszwang oder Bakterienangst fest eingebunden sein. Dabei kann die Sexualität sehr weit in den Hintergrund treten

– aber dort ist und bleibt sie dann immer noch!

Gemäß unserem Schema entsteht natürlich sofort auch die Frage nach der ethischen und moralischen Wertung der einzelnen sexuellen Verhaltensweisen. Wir möchten natürlich auch hier gerne die Aufteilung in „aufbauend" und „destruktiv" durchführen. Aber eine derartige Grundsatzdiskussion kann hier nicht stattfinden. Die Vielfalt von ethisch und moralisch akzeptierbaren Verhaltensformen ist viel zu groß. Jeder kann jedoch für sich selbst darüber nachdenken, welche Normen für ihn /sie als Einzelperson und welche Normen innerhalb der Gemeinschaft als – insgesamt – positiv oder negativ zu bewerten sind. Bei Konfliktfällen ist es biologisch gesehen sinnvoll, den Normen der Gemeinschaft den Vorrang zu geben. Wir sind eben Gemeinschaftswesen.

Diese Normen sind oder waren je nach Volk und je nach Zeitalter sehr verschieden. Vor über 100 Jahren hat man es bei uns in Deutschland als sexuell empfunden, wenn eine Frau ihre Knöchel zeigte. Heute ist unsere Gesellschaft erfüllt von verschiedenen Formen der Sexbejahung. Bevor man jedoch irgendwelche Wege sexuellen Handelns betritt, sollte man bedenken, dass insbesondere durch übertriebene Sexbejahung eventuell Bahnungen und Bindungen (!) im Verhalten geschaffen werden, die im Widerspruch zu Normen der Gemeinschaft stehen könnten.

Es gibt auch Menschen, die in der völligen Ablehnung, ja sogar in Formen der Verteufelung der Sexualität einen Ausweg aus allen Problemen der Sexualität suchen. Dieses Verhalten kann u.U. sogar zu einer echten Lebensaufgabe gemacht werden. Das kann dann soweit gehen, dass z.B. ein religiös missionarisch tätiger Mensch vor jungen Leuten alle Formen der Sexualität zur Sünde erklärt, gleichzeitig aber mit Freude (natürlich!) von seinen 5 Kindern berichtet (Erlebnis des Verfassers). So bitte nicht!

Man mag die verschiedenen Auswirkungen der freizügigen Sexbejahung in unserer Gesellschaft beurteilen wie man will, aber an <u>einer</u> Stelle kann sie sich schädigend auswirken: Sie kann die Entwicklung eines starken Gefühls der Geborgenheit für alle Mitglieder einer Gemeinschaft gefährden, gleichgültig ob es sich um eine normale Kleinfamilie mit einem Elternpaar oder um eine Gemeinschaft mit mehreren Elternpaaren handelt. Bekanntlich ist die Entwicklung dieses Geborgenheitsgefühls für die seelische Gesundheit (und deshalb natürlich auch für die körperliche Gesundheit) und für die gesamte Entwicklung eines Kindes absolut und unersetzbar wichtig. Hierbei geht es um biologische Grundbedürfnisse der Kinder und nicht um Moral. Sexuelle Gemeinschaft ohne Aufbau von Geborgenheitsgefühlen ist biologisch betrachtet nur „eine halbe Sache".

Es ist höchste Zeit, dass man diese Gefahr erkennt und dass verschiedene Forschungsrichtungen sich darum bemühen, dieser Gefahr zu begegnen und ihre Auswirkungen möglichst klein zu halten. Die Anzahl der Plätze in der geschlossenen Kinderpsychiatrie ist stark angestiegen, und trotzdem müssen Kinder bis zu fast einem Jahr auf eine Behandlung warten. Das sollte ein Alarmsignal sein!

Woher kommt nun diese Gefahr des Verlustes an Geborgenheit? Dazu muss man ein wenig „ausholen".

Durch die rasante Entwicklung der Bildschirmtechnik (Computer, Fernsehgeräte, Bild-Handy) sind Bilder und Filme mit sexbezogenem Inhalt für jedermann leicht erreichbar geworden. Das gilt nicht nur für Erwachsene, sondern auch für Jugendliche und sogar für Kinder. Nur selten kommt davon etwas an die Öffentlichkeit, z.B. bei manchen Strafprozessen. Sex in fast allen Formen wird dabei immer mehr oder weniger zur alltäglichen Dauerberieselung, vor allem auch im gesamten Freizeitverhalten.

Dadurch verliert die Sexualität aber ein Stück weit ihre familienbildende und familienbindende Kraft, die eine der Grundlagen zur Entwicklung des Geborgenheitsgefühls – noch einmal: für alle Gruppenmitglieder – ist. Und noch einmal: Da es hierbei um biologische Grundbedürfnisse der Menschen geht, ist diese Gefahr sehr ernst zu nehmen.

Kann man schon jetzt etwas gegen diese Entwicklung tun? Nach Meinung des Verfassers: Ja. Man kann Geborgenheitsgefühle auch durch eine starke Vermehrung gemeinsamer Tätigkeiten der verschiedensten Art, insbesondere aber durch Spiele mit mehr als zwei Teilnehmern aufbauen. Man kann die sozialen Kontakte in der Familie erheblich vermehren und intensivieren. In welchem Umfang dadurch echte und tiefe Geborgenheitsgefühle aufgebaut werden können, muss dann die Beobachtung von vielen Familien oder Gruppen über längere Zeit zeigen.

Nicht zu vergessen: Kleinkinder brauchen (und suchen deshalb auch) Körperkontakte. Das haben wir Menschen mit den Säugetieren und den Nesthockern unter den Vögeln gemeinsam; es ist also ein biologisches Grundbedürfnis.

Es wird also gut und notwendig sein, dass die Mitglieder einer Familie „enger zusammenrücken". Die Anzahl der Kontakte in der Familie wird steigen, sowohl der guten Kontakte als auch der unguten, aber auch der Streit verbindet. Der Freiraum des Einzelnen wird dabei kleiner werden. Deshalb die Frage: Wie bringt man die Familienmitglieder dazu, in dieser Sache mitzuspielen? Dazu bieten sich zwei Methoden an:

Erstens: Durch andauerndes suggestives Zureden. In jeder Familie mag man sich – zumindest ein bisschen.

Zweitens: Durch zwangsweise erzeugte räumliche Enge. Diese Enge erreicht man am schnellsten durch Geldmangel. Und Geldmangel erreich man am schnellsten durch Insolvenzen von Mittelstandsfirmen und durch Hartz IV-Versorgung.

Sehen Sie nicht auch schon im Geist die Überschrift in einer Zeitung:

„Hartz IV schafft sowohl Armut als auch Geborgenheit"?

Der Schutz und das gute „Funktionieren“ der Familie ist für jede Gesellschaft überlebenswichtig. Das hat sich auch dort gezeigt, wo man die Familie weitgehend oder ganz ersetzen wollte. Auch die israelischen Kibbuzim, in denen die Kinder nur abends mit den Eltern zusammenkamen, haben teilweise erhebliche Mängel in der Entwicklung der Kinder ergeben. Über die seelischen Probleme von Heimkindern ist ja in den Medien genügend geredet worden. Dazu B. Hassenstein (S.60): „Das kontaktsuchende und das angreifende soziale Auskundschaften muss sich beim Kind jeder Altersstufe immer erneut wiederholen, da es körperlich und geistig immer neue Fähigkeiten erwirbt und sich daher sozial immer neu orientieren muss“. Dafür braucht aber das Kind in jedem Entwicklungsstadium geeignete Strukturen in seiner Umwelt, und es gibt keine besseren Strukturen dafür als eine halbwegs funktionierende Familie.

Das ist beim Menschen nicht anders als bei unseren nächsten „Verwandten“, den Menschenaffen. Wie groß sind doch die Probleme bei der Aufzucht von verwaisten Gorillababys, insbesondere wenn sie weiblich sind. Wenn ein solches Weibchen später ein Junges bekommt, weiß es von sich selbst aus überhaupt nicht, wie es mit dem Baby umgehen sollte, obwohl alle biologischen Voraussetzungen erfüllt sind und auch Muttermilch zur Verfügung steht. Das Jungtier wird deshalb von seiner Mutter abgelehnt und irgendwo abgelegt. Ein gutes Pflegeverhalten kommt erst dann zustande, wenn das Muttertier das richtige Verhalten bei einem anderen Muttertier beobachten konnte.

Vorbilder sind also bei den Gorillas und anderen Menschenaffen notwendig zum Erlernen zweckmäßiger Verhaltensweisen. Und beim Menschen ist das nicht anders. Kennen Sie nicht auch den Ausspruch: „In unserer Familie macht man dies so oder so“? So bilden sich Sitten und Gebräuche, an denen sich dann die einzelnen Familienmitglieder orientieren können. Das ist eine ganz wichtige Grundlage für den Aufbau von Geborgenheitsgefühlen.

Die Aussagen von B. Hassenstein sind – natürlich – auch auf die sog. sexuelle Erziehung der Kinder anwendbar. Ihr Ziel ist ja eine ethisch und moralisch sinnvolle Integration in der Gesellschaft. Unsere heutige Gesellschaft ist ja ein Stück weit wie schon oben erwähnt dadurch charakterisiert, dass weit häufiger als früher in der Öffentlichkeit verschiedene Formen eines Sexualverhaltens erkennbar sind. Dagegen helfen keine Verheimlichungen – die ja immer auch ein vermehrtes Interesse wecken, gleichgültig um welches Gebiet es sich handelt – sondern ein in Verbindung mit der Körperhygiene aufgebautes weitgehend sachliches Verhalten gegenüber dem Körper und allem was mit ihm zusammenhängt, also außer zur Sexualität auch zur Ernährung. Der geradezu maßlose Anstieg des Diabetes bei Jugendlichen kann durchaus sowohl unser Gesundheitssystem als auch unsere Wirtschaft weitgehend zugrunde richten. Das ist ein reines Rechenexempel. Aber offenbar wagt kein Politiker durchgreifende Maßnahmen zu diskutieren. Skandinavien kann als ein gutes Vorbild betrachtet werden, insbesondere auch wegen der dortigen Saunakultur.

Man kann die Idee haben, dass eine total sexverneinende, sog. prüde Erziehung besser wäre. Dabei wird dann aber übersehen, dass in der gezielten Ablehnung der sexuellen Gegebenheiten auch ein Stück weit ein Hinweis auf die Sexualität enthalten ist. Dazu kommt die allbekannte und schon erwähnte Tatsache, dass uns Verheimlichtes und Verborgenes besonders interessant erscheint. Das liegt in uns als Erbanlage; diese Erbanlage ist ja auch die treibende Kraft bei Forschern und Erfindern, gleichgültig ob es sich um Reisen in unbekannte Regionen der Erde oder um die Erforschung des Mikrokosmos handelt, um zwei drastische Beispiele zu nennen.

Noch einmal zurück zu Skandinavien. Wie wohl über die Medien allgemein bekannt geworden ist, haben bei den Untersuchungen zur Qualität der schulischen Ausbildung in den Ländern der Erde, den sog. „Pisa-Studien“, die skandinavischen Länder

Finnland und Schweden besonders gut abgeschnitten. In diesen Ländern gibt es eine ausgeprägte Saunakultur; in den öffentlichen Bädern, sogar in Freibädern, ist immer auch eine Sauna zu finden. Und in Finnland gibt es zusätzlich die vielen privaten Saunas. Ein Ferienhäuschen ist grundsätzlich mit einer nahen oder eventuell sogar integrierten Sauna verbunden. Durch diese Saunakultur werden Kinder zu einer weitgehend sachlichen Einstellung gegenüber dem körperlichen erzogen. Es liegt deshalb nahe, zwischen diesen beiden Tatschen eine Verbindung zu sehen. Es ist ja logisch und klar: Was bekannt ist, ist weitgehend uninteressant und bindet deshalb wenig Aktionskraft, die somit für andere Interessengebiete zur Verfügung steht.

Außerdem darf nicht übersehen werden, dass es in diesen Ländern eine ausgeprägte Erziehung zu gesunder Ernährung gibt. In Deutschland überlässt man die Kinder ohne Warnungen oder Anleitungen zu einer gesunden Ernährung ihrer Lust, Weiches zu essen und Süßes zu trinken, obwohl man seit Jahrzehnten weiß, dass ohne umfangreiches Kauen das Sattheitsgefühl viel zu spät entsteht. Übergewichtige und diabeteskranke Kinder in rapid steigender Anzahl sind die unausweichlichen Folgen.

Noch ein weiterer Erziehungsfehler muss hier angesprochen werden, weil diese Handlungsweisen zwar gut gemeint sind, aber in der Kindheit viel Aktionskraft binden und im späteren Leben seelische „Verbiegungen“ bewirken können. Es handelt sich um die Erzeugung von Ängsten angeblich zwecks Vermeidung von Gefahren. Ein derartiges Vorgehen ist immer falsch, gleichgültig um welche angeblichen Gefahren es sich auch handeln mag.
Klare und offene Sachlichkeit ist weitaus besser. Leider werden bei solchen „Warnungen“ vor sexuellen Straftätern von den Erziehenden meistens nur Angstgefühle gegenüber erwachsenen Männern erzeugt. Das hat mehrere schlechte Begleiterscheinungen und Folgen:
Immer öfter werden Straftaten gegen Kinder auch von Jugend-

lichen begangen. 2008: ca. 25%. Davor besteht dann aber kein Schutz.

Jeder Mensch, dem man fortlaufend Ängste „implantiert", wird mehr oder weniger neurotisch. Dies ist absolut sicher und bedarf keiner weiteren Begründungen. Dies ist auch völlig unabhängig vom Alter.

Die mit Ängsten ausgefüllten Kinder haben auch Eltern und Verwandte. Die Einteilung in „Gut" und „Böse" ist in diesen Beziehungen hochkompliziert. Ängste gegenüber der gesamten Verwandtschaft sind keinesfalls wünschenswert.

Hat man Kinder über viele Jahre hinweg mit Ängsten „gefüttert", so kommen sie als Jugendliche in das Berufsleben. Das Berufsleben wird aber von Erwachsenen bestimmt. Dann müssen die Jugendlichen ihre Angsthaltungen wie ein T-Shirt ausziehen und sachlich mit den Erwachsenen umgehen. Utopie hoch drei!

Was aber sonst? Es gibt kein Kind, das nachts im Bett etwa Ängste vor einem Hammer oder einem Zebrastreifen hat. Und warum ist das so? Weil der Umgang damit klar, offen, genau und angstfrei gelehrt wird. Neurotiker jedoch erzeugen weitere Neurotiker, und mit Angst-machen geht das am einfachsten und schnellsten; das „bekommen" auch Dummköpfe „hin".

Mit Sachlichkeit und Klarheit muss man Probleme angehen, dann entstehen keine lebenswidrigen Gefühle oder Gedanken. Wenn aber irgendwo ein Neurotiker ein Riesentheater aufführt, ducken sich – verständlicherweise – alle öffentlichkeits-relevanten Personen. (Das soeben Genannte gilt nicht nur für die Erziehung, sondern im Prinzip auch für die Politik.) Klipp und klar: Man hat die Wahl: Kinder mit Ängsten (und damit starker Bindung der Aktionskraft) oder Kinder mit sachlich-freundlicher Distanziertheit (und dadurch viel Freiheit für die Aktionskraft). Das ist keine Theorie, sondern der Verfasser hat Kinder beider „Typen" kennen gelernt. Kinder des zweiten Typs machen Eltern und Lehrern wirklich Freude.

Wir wollen nun ein wenig zurückkehren zu Gedanken über

Bildschirmkids und bildschirmsüchtige Erwachsene (es geht also nicht um beruflich mit Bildschirmen „Verheiratete").

Wie schon früher angedeutet, widerspricht eine übermäßige Benutzung von Bildschirmen unseren Erbanlangen aus mindestens drei Gründen:

Erstens gibt es wegen der fehlenden Muskeltätigkeit einen Stau der Aktionskraft.

Zweitens wollen uns unsere Erbanlagen zu sozialen Kontakten führen, wie schon beschrieben wurde. Vor dem Bildschirm (Computer, Fernsehgerät, Handy) ist man aber meistens allein.

Drittens bleiben beim Gebrauch von Bildschirmen die Gefühle so gut wie immer „außen vor". Man kann zwar jemand über das Internet mitteilen: Ich liebe dich! Das dann „not-wendige" Schmusen entfällt aber völlig. Und das wären ja doch echte „soziale Kontakte". (Die Aktionskraft steht weinend daneben.)

Immer mehr Menschen können sich in neuerer Zeit aus Geldmangel keinen exzessiven Gebrauch von Bildschirmen mehr leisten. Im Hinblick auf obige drei Punkte ist es nicht schwer, andere Formen eines erfüllten Lebens zu finden. Denn der Verzicht auf reichlichen Bildschirmkonsum ergibt Zeit und Möglichkeiten zu sozialen Kontakten der verschiedensten Art. Das kann man auch Kindern aus Familien mit großem Geldmangel klar machen. Hartz IV und andere Geldmangelgründe schaffen tatsächlich – der Verfasser bittet um Entschuldigung für diese Frivolität – mehr Chancen zu sozialen Kontakten. Oder noch spitziger: Geldmangel kann (!!) Reichtum an Sozialkontakten schaffen.

Das darf natürlich nicht als Lob für eine Regierung missverstanden werden, die einerseits Millionen Menschen in Hartz IV-Versorgung schickt und andererseits Banken mit Steuermilliarden saniert. Es ist lediglich die Antwort von Menschen, die sich niemals „unterkriegen" lassen, auf vorhandene Missstände. Nicht mehr als das!

Jammern und Klagen hilft nichts. Wenn es Nacht geworden ist, schimpft man ja auch nicht auf den lieben Gott, der das gemacht hat, sondern man schaltet ein Licht an und kann dann wieder lesen. Es ist allerdings eine Klarstellung notwendig: Durch eine lebensfrohe Einstellung auch gegenüber Missständen werden diese Missstände nicht im geringsten sanktioniert; sie sind und bleiben Missstände!

Noch einmal und immer wieder: Nicht die Umstände unseres Lebens sind entscheidend, sondern unsere Antwort auf diese Umstände: Lebensbejahend, klar, sachlich. Wir Menschen haben in sehr weitem Umfang die Möglichkeit die Inhalte unseres Denkens und Fühlens zu lenken, und davon sollten wir ausgiebig Gebrauch machen. Wenn es sein muss, kann dabei auch ein „kräftiger Schluck“ aus der Flasche mit dem Etikett „Selbstsuggestion“ helfen. Davon hören wir noch später einiges. Man darf eben nur bei allem unseren „lieben“ Arzt Paracelsus und seine Hauptregel nicht vergessen: Die Dosis macht´s , ob etwas schadet oder nützt.

Dadurch wird unsere Aktionskraft frei für konstruktive Handlungen. Viele Möglichkeiten wird man finden um seine Konstruktivkraft einzusetzen. Wir bestimmen das und nicht die Umstände! Wir! Nur wir!

Wir bestimmen das und kein „Redner“, sei es ein Politiker, sei es in einem interessanten philosophischen Vortrag, sei es am Stammtisch oder auch in einem Kaffeekränzchen mit Berichten über vielerlei Krankengeschichten (Vorsicht: Negative Suggestionen!). Mit echtem Wollen und einem guten Stück Verständnis über die Mechanismen der Menschenführung und der Selbstführung sind Erfolge möglich, die von weitem geradezu als unmöglich erscheinen. Verschiedene Extremsportler haben uns das beispielsweise ja schon vorgeführt. Auch die Sportler, die bei den „Paralympics“ kämpfen, zeigen dies jedem, der es sehen will.

Alternativen? Ja, aber nur eine einzige: Spielball sein! Spielball der Umstände, Spielball von Politikern jeglicher Couleur,

Spielball von kurzzeitigen Moden in den Denkformen bezüglich der sozialen Beziehungen zwischen den Menschen usw.

Die Aktionskraft ist eine biologische Tatsache. Entscheidend ist ihre Verwendung. Unsere Jugendlichen führen uns vor, welche Möglichkeiten es dabei gibt: Preisträger bei „Jugend forscht", sportliche Aktivitäten, soziale Aktivitäten oder über 100 Straftaten mit 17 Jahren.

Also ist Menschenführung und vor allem Selbstführung gefragt. Wie macht man das? Einige Gedanken dazu im folgenden Kapitel.

Vorher sind aber noch einige Sätze zur Kindererziehung dringend notwendig.

Das Sprichwort (und das ist Jahrhunderte altes Volkswissen!) sagte schon immer „Müßiggang ist aller Laster Anfang". Heute könnte man sagen: Wenn man der sich fortlaufend neu bildenden Aktionskraft keine Kanäle zu positiven, aufbauenden Tätigkeiten anbietet, dann äußert sie sich eben in negativen, zerstörerischen Aggressionen. Also muss man den Kindern Möglichkeiten zur Betätigung anbieten. Dazu bieten sich an: Das Spielen von Musikinstrumenten, Sport (wegen des Platzmangels in den größeren Städten vor allem Hallensportarten), Einradfahren, Kunstradfahren, Kunsterziehung, Erforschung physikalischer und biologischer Zusammenhänge (die Chemie birgt zu viele Gefahren !), Gemeinschaftspflege in fremden Sprachen, Wanderungen, usw.

Man muss nur schon im frühen Schulalter anfangen, die Kinder an diese Tätigkeiten heranzuführen. Man kann im ersten Schuljahr die Kinder mit verschiedenen Musikinstrumenten bekannt machen und sie zu einer Entscheidung veranlassen, welches Musikinstrument ihnen am besten gefällt. Das muss aber „flächendeckend" (d.h. klassendeckend) geschehen damit sich keine Minderwertigkeitsgefühle und die daraus entstehenden Handlungsweisen bilden können. Das Spielen im Rahmen eines Orchesters vermittelt Spaß und Freude sowie Erfolgserlebnisse und vermittelt den Kindern: Ich werde gebraucht, ich bin etwas wert, auf mich kommt es (auch) an. Diese Selbstwertgefühle und Geborgenheitsgefühle sind eine sehr starke Motivation nicht nur für die Musik, sondern auch für viele weitere Lebensbereiche. Die Aktionskraft findet dadurch so viele positive Kanäle, dass für negative Handlungen keine Kraft und schon gar keine Zeit mehr übrig bleibt. – Und was ist dann die „Aufgabe" der Polizei? Das Zusehen!

Das sind schöne Gedanken. Aber sind das nicht alles nur Phantastereien und „fromme Wünsche"? Dazu braucht man nämlich Menschen und viel Geld.

Es sind überhaupt keine Phantastereien, sondern schon ein gutes Stück weit Realität! Ja Sie haben richtig gelesen: Realität! Aus der Tagespresse erfahren wir: Im Ruhrgebiet läuft jetzt schon (2008) ein derartiges Projekt mit 223 Schulen und 7200 Schülern, die alle ein Musikinstrument spielen. Alle! Bis 2010 werden es wohl ca. 200 000 Kinder sein, die an diesem Projekt mitmachen. Und das Geld?

Dazu muss man sich manches überlegen: Will man jetzt Kinder so stark motivieren, dass sie später gar nicht mehr zu Straftaten Zeit und Anlässe finden, oder will man später nach eventuellen Straftaten den mindestens zehnfachen Betrag für Bestrafung und Resozialisierung ausgeben? Will man weiterhin mit Milliardenbeträgen Banken sanieren und Hartz-IV-Empfänger wegen um 100 Euro zu teuren Wohnungen zum Umzug zwingen? Will man weiterhin Flughäfen und Kanäle fast ohne Verkehrsaufkommen bauen? Will man weiterhin Mittelstandsbetriebe massenweise in die Insolvenz treiben oder will man diese guten Steuerzahler schützen und stützen? Geld ist da, und falls man will (!), kann man es für unsere Kinder und damit für die Zukunft unseres Volkes ausgeben. Die Städte im Ruhrgebiet haben sich keine Gelddruckmaschinen gekauft!!! Den Dümmsten unseres Volkes sei gesagt: Das ist beweisbar! Diese Städte haben keine Banken saniert, sondern Menschenleben. Ja, und Wuppertal hat sogar eine Art von „Jugend-Universität", die völlig überlaufen ist.

Suggestion

Keiner liebt sie, aber wir alle wissen, dass es sie gibt: Die Suggestion. Was ist das genau? Wie funktioniert sie?

Ein erstes, aber großes Problem: Wie erkennt man sie? Und genauso wichtig ist das nächste Problem: Wie kann man sich vor unerwünschten Fremdsuggestionen schützen?

Weitere Fragen tauchen auf: Gibt es möglicherweise sogar erwünschte Fremd- oder Selbstsuggestionen? Kann man denn nicht auch ohne jegliche Fremd- oder Selbstsuggestion leben? Fragen über Fragen.

Wenn wir uns in unserer heutigen Gesellschaft umsehen und nach Beispielen von Suggestion suchen, werden wir schnell feststellen: Sie ist überall zu finden, ja geradezu allgegenwärtig, wie noch gezeigt werden wird. Das gilt sowohl für den Alltag als auch – und noch mehr – für Extremsituationen. Und dies gilt für die Fremdsuggestion ebenso wie für die Selbstsuggestion. Es gibt also viele Gründe sich mit dem Phänomen der Suggestion ausgiebig zu beschäftigen.

Suggestionen sind in unserer heutigen Gesellschaft kein exotischer Fremdkörper, sondern sie werden nicht selten zu Heilungszwecken angewendet. Dies geschieht jedoch in den meisten Fällen ohne große Werbung, ja geradezu still, heimlich und „leise“. Zum Beispiel arbeitet an der Universitäts-Augenklinik Marburg die Frau Professor Dr. Ilse Strempel zwecks Heilung von Glaukomfällen (grüner Star) mit tiefgreifender Entspannung des Körpers, begleitet von Musik und Heilungssuggestion. Und es wird von einer Patientin berichtet, bei welcher der Augeninnendruck durch diese Methode ohne Medikamente so stark sank, dass sie frühestens nach 14 Tagen eine Wiederholung dieser Methode nötig hatte. Heilung unter Mithilfe von Suggestionen!

Es gibt eine Vielzahl von wissenschaftlichen Untersuchungen über Suggestion, Einrede, Einbildung und Hypnose. Viele dieser Untersuchungen erbrachten hochinteressante Ergebnisse bezüglich der Vorgänge in unserer Seele. Zuerst soll hier über eine Untersuchung berichtet werden, deren Ergebnisse allerdings nur mit Erschrecken zur Kenntnis genommen werden können. Diese Untersuchung fand vor kurzer Zeit in England statt.

Man hat Erwachsene im Alter von ca. 30 Jahren über 4 mögliche Kindheitserlebnisse interviewt. Durch ausgiebige Befragung von Angehörigen hat man zuvor sichergestellt, dass drei von diesen Erlebnissen wirklich stattgefunden hatten, wogegen das vierte „Erlebnis“ mit Sicherheit nicht stattgefunden hatte, obwohl es denkmöglich war.

Bei dem ersten Interview wurde das falsche „Erlebnis“ trotz ausführlicher, ausmalender und intensiver Befragung fast ausnahmslos verneint. Man hatte dies auch so erwartet und war beruhigt.

Beim zweiten Interview nach mehreren Wochen wurde jedoch das falsche „Erlebnis“ von ca. 10% der Versuchsteilnehmer bejaht und – man höre und staune – sogar mit eigenen Angaben ausgemalt. Es wurde sogar von Einzelheiten bei diesem „Erlebnis“ berichtet. Nach einigen weiteren Wochen waren es schon 24 bis 26% der Versuchsteilnehmer, die das falsche „Erlebnis“ bejahten und detailliert beschrieben. Die Versuchsleiter waren maßlos erschrocken.

Wie kann so etwas zustande kommen? Lassen sich solche „Reinfälle“ vermeiden? Man denke hierbei auch an Gerichtsverfahren, die oft über 1 Jahr nach einem Unfall oder einem Verbrechen stattfinden. Findet man dann noch die Wahrheit?

Dasselbe englische Forschungsinstitut, an dem die og. Ergebnisse gefunden wurden, hat in diesem Zusammenhang auch die Frage untersucht, ob die – oft gefürchtete – Hypnose sich stärker oder schwächer auf die Vortäuschung oder Verdrehung von Erlebnisinhalten auswirkt, als die einfache „Einrede". Das Ergebnis war für alle unerwartet und überraschend: Die Hypnose hat eindeutig und statistisch signifikant weniger oft zur Bejahung von falschen „Erlebnissen" geführt als die einfache Einrede! Statistisch signifikant!

Wenn es also darum geht, in den Gedanken und Gefühlen eines Menschen neue Denkwege und neue Handlungsweisen anzubahnen, dann ist die „bloße" Einrede wirksamer als die Hypnose. Die Einrede ist aber – das muss man sich klar machen – ein Werkzeug der Werbung und der Politik! Sie ist also ein Manipulationsinstrument mit höchster Wirkungskraft!

Wir können im Rahmen dieses Buches nur wenige der vielen Fragen und Probleme bezüglich der Suggestion streifen. Wir wollen aber dabei immer die ethische Grundfrage beachten: Wie und womit kann ich mein Wissen sowohl zum eigenen Nutzen als auch zum Nutzen meiner Mitmenschen anwenden? Unter Nutzen ist hierbei weniger an das Geld gedacht, als an ein „rundum" reich ausgefülltes Leben mit vielen sozialen Kontakten. Alle diese Hilfsaktionen sollten dabei allerdings den Rahmen der „Hilfe zur Selbsthilfe" nicht überschreiten, sowohl in materieller als auch in seelischer Hinsicht. Auch dieser Grundsatz gilt in diesem Buch unumstößlich.

Zunächst noch etwas Grundsätzliches: Was heißt denn eigentlich „Suggestion"? Die Wurzel dieses Wortes liegt im Lateinischen. Das lateinische Wort „suggero" heißt: „ich schiebe darunter". Sofort entstehen die Fragen: Wo? Und was? Und wie?

Bei der Suggestion wird also etwas in unser Gedächtnis oder in unsere Seele gebracht, zusätzlich zu den schon vorhandenen Inhalten. (Unter „Seele" verstehen wir hierbei – reichlich unscharf – die Gesamtheit von Denken, Erinnern, Fühlen und Wollen). Ob wir diesen Vorgang der Suggestion wollen oder nicht, bleibt dabei zunächst noch offen und unberührt.

Auch die Frage, ob eine aufgenommene Suggestion nützt

oder schadet, ist zunächst noch offen. Das Wort „darunter schieben“ sagt über eventuellen Nutzen oder Schaden gar nichts aus. Dieser Punkt ist in diesem Buch sehr wichtig. Anders ausgedrückt: Der Begriff „Suggestion“ ist an sich in ethischer Hinsicht völlig wertneutral. Absolut und völlig!

Deshalb taucht unweigerlich sofort die Frage auf: Woher kommt denn dann die weitreichende Ablehnung der Suggestion in der Öffentlichkeit und wodurch ist diese meist angsterfüllte Ablehnung begründet?

Da ja, wie dargelegt, der Begriff der Suggestion wertneutral ist, kann die Ablehnung der Suggestion nur in der Art und Weise liegen, wie die Suggestion angewendet wird. Suggestionen werden normalerweise dann angewendet, wenn der Suggerierende sich in irgendeiner Form einen Vorteil verschaffen will. Am deutlichsten wird dies, wenn es sich um finanzielle Gewinne wie z. B. bei der Werbung handelt. Deshalb sind Suggestionen oft in Verbindung mit der Habsucht zu finden, weshalb bei jeder entdeckten Suggestion geradezu unweigerlich die Frage auftaucht: Was will dieser Mensch von mir bekommen?

Mit dieser populären Negativbelastung hat man aber leider der Suggestion die Möglichkeit genommen zu zeigen, dass sie bei positiver Anwendung im Rahmen der Menschenführung, insbesondere bei der Erziehung von Kindern, viel Gutes bewirken kann. Man denke noch einmal an die oben erwähnte Erkenntnis, dass die Einrede sogar stärker wirkt als die Hypnose. Diese positive Anwendung der Suggestion wird bei uns in diesem Buch ein gutes Stück weit untersucht werden. Als kleines Beispiel sei an die Auswirkungen eines Kompliments bei allen Beteiligten erinnert, vorausgesetzt natürlich dass der Wahrheitsgehalt der Aussage nicht zu klein ist.

Auch auf andere Weise können Suggestionen in „aufbauender“ und helfender Form im Umgang mit unseren Mitmenschen verwendet werden, was man – oft sogar unbewusst – im täglichen Leben z. B. in der Form von Lob oder Ermutigung auch tut.

Wir wollen in diesem Buch in den weiteren Ausführungen auch die Hintergründe und Ablaufsformen der Suggestionen beleuchten, damit man dieses Wissen gezielt und bewusst zum Aufbau positiver Suggestionen und zur Abwehr unerwünschter Suggestionen verwenden kann. Dabei wird keineswegs nur an Suggestionen für unsere Mitmenschen gedacht, sondern auch an sog. Selbstsuggestionen, vor allem zwecks Aufbau einer soliden Gesundheit und einer guten Leistungsfähigkeit.

Das überzeugendste, aber leider viel zu wenig bekannte Beispiel für Suggestion ist der „Placebo-Effekt". Dabei handelt es sich um folgendes:

Wenn ein Arzt einem Patienten ein Medikament verschreibt oder gibt, bringt der Patient diesem Arzt und dem Medikament eine große Portion Vertrauen entgegen. Der Patient erhofft und erwartet Hilfe und Heilung durch dieses Medikament. Dabei wirkt wahrscheinlich die Erwartungshaltung stärker als die Hoffnung, denn Erwartung ist vorweggenommene Realität.

And dieser Stelle sei auch daran erinnert, wie man – nur früher? – bei kleinen Kindern oft Schmerzen nach kleineren „Unfällen" beseitigte: Man sagte: „Ich blase jetzt darüber, und dann verschwinden die Schmerzen". Und sie waren danach offensichtlich nicht mehr zu spüren. Das Kind hat es so erwartet und deshalb auch so erfahren und erlebt.

Man hatte nun immer wieder Fälle erlebt, bei denen einem Patienten aus Versehen ein falsches Medikament gegeben worden war, der Patient aber trotzdem gesund wurde. Das führte zu dem Verdacht, dass das Medikament allein nicht die Heilung gebracht hatte, sondern dass noch andere „Kräfte" bei der Heilung mitwirkten. Der Extremverdacht ging sogar soweit, dass in vielen Fällen vielleicht gar kein Medikament nötig ist, sondern dass allein (!) die freundliche Bestimmtheit des Arztes und die Erwartung der Heilung für die Heilung ausreichen.

Das hat man in sog. Doppelblindversuchen untersucht. Bei nicht allzu schweren (!) Erkrankungen haben die Versuchsleiter den Papienten durch den Arzt Medikamentenpackungen geben lassen, die in der Hälfte der Fälle kein echtes Medikament enthielten, sondern nur gleichartige Nachahmungen aus Milchzucker. Bei diesen nummerierten Packungen wusste dann weder der Arzt noch der Patient, sondern nur der Versuchsleiter, in welchen Packungen „echter" Wirkstoff enthalten war und wo nicht. Die vorgetäuschten Medikamente nennt man Placebos.

Nach einiger Zeit hat man dann die Krankheitsverläufe nach der Gabe von Wirkstoffen verglichen mit den Krankheitsverläufen ohne Gabe von Wirkstoffen, bei denen also nur Placebos zum Einsatz kamen. Das Ergebnis war verblüffend und wurde anfangs auch nicht akzeptiert: Oft wurden bis zu 30%, manchmal bis zu 40% der Patienten auch ohne Wirkstoff gesund, meistens auch genau so schnell wie die Patienten mit Wirkstoff in ihren Packungen. Natürlich waren die Ergebnisse nicht einheitlich, sondern je nach Arzt, Patient und Krankheit verschieden.

Was hat denn nun bei den Patienten, die keinen Wirkstoff erhielten, die Heilung bewirkt? Das kann doch nur die Seele dieser Menschen gewesen sein, also ihr Denken, Fühlen, Wollen, Hoffen, Erwarten. Klipp und klar: Man hat den Patienten suggeriert es sei Wirkstoff in dem ausgeteilten „Medikament" enthalten, und trotz nicht vorhandenem Wirkstoff hat die Erwartungshaltung der Patienten, also ihr ganzes Denken und Fühlen, oft genau so gut die Krankheit geheilt wie ein tatsächlich vorhandener Wirkstoff. Oft! Nicht immer! Wir brauchen deswegen nicht das gesamte Gesundheitswesen ad acta zu legen. Aber die Leugnung des Placebo-Effekts wäre ein Zeichen von maßloser Beschränktheit.

Es kommt noch dicker: In neueren Versuchen hat man mehreren Patienten Kniegelenksoperationen vorgetäuscht, indem man den Patienten auf einem Bildschirm Aufnahmen einer Operation bei einem anderen Patienten vorführte. Kleine Einschnitte in der Haut an der Kniescheibe vervollkommnten die Täuschung. Die Patienten waren der Überzeugung, dass der Knorpel im Kniegelenk operativ in Ordnung gebracht worden war – und die Beschwerden verschwanden genau so wie nach einer echten Operation! Geradezu unglaublich, aber wahr! Mr. Placebo lässt grüßen!

Nach solchen Erfahrungen könnte man auf die Idee kommen, ob man nicht mit Hilfe der Hypnose noch stärkere Placebo-Effekte erreichen könnte. Bei der Hypnose wird ja das Bewusstsein weitestgehend ausgeschaltet und ein seelischer Zustand erreicht, der Elemente des Schlafs, der Bewusstlosigkeit und der „Ekstase" enthält. (Zum Verständnis: Ekstase heißt wörtlich: Außer sich sein.)

Man hoffte, durch die Ausschaltung des Bewusstseins noch leichter als mit anderen Methoden neue „Inhalte" in die Seele geben zu können. Aber wie oben dargelegt, ist die seelische Wirkungskraft der Einrede offensichtlich stärker als die durch Hypnose möglichen Einwirkungen in die seelischen Strukturen. Der Grund für diese Unterschiede könnte darin liegen, dass die Aktionskraft beim Hören der Einrede beteiligt ist, wogegen die Aktionskraft bei der Hypnose völlig ausgeschaltet ist. Genaueres weiß man nicht.

Damit wir bei unseren späteren Ausführungen freie Bahn haben, soll jetzt hier ein Einschub über eine – auch für die Erziehung, Lernmotivation und Lernfähigkeit – erprobte und bewährte Form der Kombination von der Fremd- und Selbstsuggestion berichtet werden. Es handelt sich um die Anfangsübungen des „Autogenen Trainings". Dabei geht es darum, den Körper in den Zustand einer vollkommenen Totalenspannung zu bringen, wie es uns z. B. Hunde und Katzen bei ihren Ruhe- oder Schlafzuständen vormachen. Schon diese Totalentspannung allein bewirkt auch ohne weitere Suggestionen die Einleitung von Selbstheilungsprozessen der verschiedenen Art, wie Erfahrungen zeigen. Diese

Entspannung ist aber darüber hinaus eine wahrscheinlich unübertreffbare Grundlage zur „Setzung" von Fremd- und von Selbstsuggestionen.

Wie erreicht man nun diesen Entspannungszustand? Wenn diese Entspannung durch „Dritte" erreicht werden soll, ist es üblich zu sagen: „Der rechte Arm ist schwer". Und damit macht man schon einen der möglichen Hauptfehler in dieser Sache. Denn der rechte Arm ist eben zunächst <u>nicht</u> schwer. Die obige Aussage wäre eine schlichte Lüge. Der Arm ist einfach nicht von einem Augenblick zum nächsten ganz schwer, denn das ist biologisch unmöglich.

Das Unterbewusstsein registriert natürlich dabei, dass die ausgesprochenen Dinge nicht zutreffen, und dadurch wird die Verbindung vom „Oberbewusstsein" zum Unterbewusstsein beschädigt. Diese Verbindung ist aber der Kanal, durch den jede Einrede und jede Suggestion laufen muss.

Wie aber dann? Zutreffend wäre es zu sagen: „Der rechte Arm wird schwerer". Er wird mit absoluter Sicherheit schwerer, wenn man es lange genug vorsagt. Und dann kann man weiterbauen. Dabei ist es für den Aufbau einer Totalentspannung sowohl bei Fremdsuggestionen als auch bei Selbstsuggestionen entscheidend wichtig, dass man immer die gleiche Reihenfolge der Körperregionen einhält, also z. B. Arme rechts / links, Beine rechts / links, Körper von unten nach oben. Es gibt genug Chaos in der Außenwelt, das braucht man nicht auch noch in sich selbst zu bauen.

Es ist außerdem wahrscheinlich, dass ein Chaos in der Seele und die Belügung des Unterbewusstseins (siehe oben) eine Grundlage für die Entstehung von Krankheiten schaffen. Denn der Mensch ist eine Einheit aus Geist, Seele und Leib und in dieser Einheit hängen alle Teile miteinander zusammen.

Und in dieser Entspannung kann man Suggestionen setzen. Die Erfolge sind – vor allem bei Kindern – oft geradezu unglaublich.

Es sei allerdings darauf hingewiesen, dass eine Abschaltung von Schmerzgefühlen durch reine Selbstsuggestion erheblich schwieriger ist als bei einer Fremdsuggestion. Diese Abschaltung gelingt jedoch ziemlich leicht (auch bei Kindern!), wenn die betreffende Person über die Fremdsuggestion zur Selbstsuggestion geführt wird.

Wir müssen uns jetzt noch mehr Klarheit darüber verschaffen, wie der Mechanismus beschaffen ist, durch den sich in uns Suggestionen bilden, also wo und wie Suggestionen in uns „Fuß fassen". Suggestionen sollen ja in uns – wo und wie auch immer – etwas anbahnen oder bewirken, und dies möglichst intensiv und auf Dauer. Hier taucht also der Begriff „Bahnung" wieder auf. Was ist mit diesem Ausdruck gemeint?

Um diese Fragestellung besser zu erfassen, flüchten wir uns in ein Bild: Wir stellen uns eine große ebene Sandwüste vor. Es sind schon mancherlei Spuren im Sand zu sehen von Tieren und von Fahrzeugen. Über diese Sandfläche schicken wir ein weiteres Fahrzeug mit einer anhängenden Pflugschar, kreuz und quer. Dieses Fahrzeug wird das Bild der Oberfläche dieser Sandwüste erheblich verändern. Alte Fahrzeugspuren werden teilweise verändert, teilweise bleiben sie erhalten. Eine völlige „Löschung" alter Spuren ist dabei eine extreme Ausnahme. Und dieses veränderte Aussehen der Wüste wird für alle Zeiten erhalten bleiben – Windstille vorausgesetzt – außer es findet noch ein weiterer derartiger Vorgang statt. – Jedes Bild hat natürlich seine Schwächen.

Mit diesem Bild kann man – aber nur zu einem Teil! – die Bahnungsvorgänge durch Erlebnisse oder durch Suggestionen beschreiben. Aber wo und wie finden diese Spurenbildungen statt? In unserer „Seele"? In unserem „Gedächtnis"? Und welche Rolle spielt dabei der Körper? – Noch vor wenigen Jahren wäre dies als eine dumme Frage bezeichnet worden.

Es schien doch wissenschaftlich geklärt zu sein, dass die Körperzellen unter der Steuerung durch die Nervenzellen ihre

Funktionen ausüben, und dass deshalb ein „Gedächtnis" nur durch Nervenzellen zustande kommen kann. Man dachte dabei an eine „saubere" Trennung von Funktion und Steuerung wie bei einer komplizierten Maschine, bei der die einzelnen Funktionselemente durch elektrische Leitungen gesteuert werden. Ein typisches „Schubladendenken"! Aber die Realität lässt sich eben nicht in „Schubladen" einordnen.

Dazu ein kleiner „Ausflug". Als man die Natur des Lichtes untersuchte, machte man eine Anzahl von Experimenten, die das Licht als eine wellenförmige Energieform „bewiesen". Spätere Experimente ergaben jedoch die Notwendigkeit, das Wesen des Lichts als eine Korpuskularstrahlung zu erklären. Diese beiden Energieformen sind aber in unseren üblichen Denkschemata absolute Gegensätze! Und trotzdem: Je nach Versuchsanordnung zeigt sich das Licht in der einen oder in der anderen Erscheinungsform. Für das Licht gibt es also mit Sicherheit keine passende „Schublade"!

Bei unserer Problemstellung, nämlich bei der Suche nach dem Ort der Funktionsweise der Suggestionen in unserem Leben, erleben wir dasselbe Dilemma: Wir bestehen nicht aus der Verbindung einer Seele und einem Körper, sondern wir sind eine Einheit: Das bedeutet: Nervenzellen und Körperzellen und die Gene (!) beeinflussen sich untereinander so stark, dass sie sich sogar gegenseitig verändern können.

Das ist zunächst einmal eine logische Folgerung aus der Tatsache der Einheit des menschlichen Lebens, verbunden mit der Anpassungsfähigkeit in der Evolution. Aber man hat auch tatsächlich bei Mäusen ein „Gedächtnis des Körpers" und eine Beeinflussung der Erbanlagen durch Erlebnisse und Lebensweisen (z.B. Hungerzustände) festgestellt. Diese Tatsache hat fast alle bisherigen Denkschemata über Vererbung zur Makulatur gemacht.

Der Psychologe Joachim Bauer (Freiburg i. Br.) hat in seinem Buch „Das Gedächtnis des Körpers" (2007) überzeugend dargelegt, dass bei Gedächtnisvorgängen die Gesamtheit des Menschen (also Seele und Leib sowie deren Beziehungen) beteiligt ist. Das kann sogar – wie erwähnt – bis zur Veränderung von Erbanlagen durch Lebensumstände führen, wobei Erfahrungen eines Lebens in Form von „Umschaltungen" in den Genen weitergegeben werden können. Z.B. hatten Mäuse mit längerer Hungererfahrung bei ihren Nachfahren über mehrere Generationen (!) hinweg kleinere Nachkommen, auch wenn diese späteren Generationen überreichlich Futter zur Verfügung hatten. Das Gedächtnis sitzt also nicht nur in den Nervenzellen, sondern im ganzen „Leben", bestehend aus der Einheit von Seele und Leib.

Das „Gedächtnis" ist also offenbar eine hochkomplizierte Sache. Man darf erwarten, dass noch weitere – heute noch utopisch klingende – Erkenntnisse über das Gedächtnis und seine Erinnerungen gefunden werden. Insbesondere ist dabei an Zusammenhänge zwischen dem Gedächtnis und der körperlichen und seelischen Gesundheit zu denken. Der „Volksmund" weiß schon lange etwas darüber, denn man sagt, dass z.B. jemand durch eine böse Erfahrung „gekränkt" worden ist.

Es ist aus diesen Gründen äußerst sinnvoll, sich darüber Gedanken zu machen, was man in das Gedächtnis einspeichert, sowohl in sein eigenes Gedächtnis als auch in das Gedächtnis anderer Personen, vor allem auch in das Gedächtnis der eigenen oder anderer Leute Kinder. Man hat ja die Möglichkeit zu wählen; man kann z. B. wählen zwischen Angstgefühlen (Krimis!) und Geborgenheitsgefühlen. Die dabei gesetzten Suggestionen werden sich auswirken, ganz sicherlich weil „zwangsläufig" und trotz der eventuell angewendeten Psychopharmaka. Denn die eingebauten Suggestionen sind immer da (immer!), die Psychopharmaka jedoch nicht. Wer Kindern reale Erlebnisse oder Bildschirm-„Erlebnisse" zukommen lässt, sollte sich vorher (!) überlegen, was in dieses Leben – immer als Einheit zu betrachten – hineingebaut wird. Es geht nämlich nichts verloren in unserem Gedächtnis!

In den bisherigen Ausführungen wurde gezeigt, dass durch

Handlungen, durch Erlebnisse, durch Gedanken und durch Gehörtes Handlungen und Verhaltensweisen angebahnt werden. Man kann auch sagen, dass „Wege“ des Verhaltens angebahnt werden. Lateinisch heißt der Weg „via“. Man kann somit von „Psychoviation“ sprechen. Bei der Verwendung dieses Begriffes darf man aber nicht vergessen, dass man nicht nur von einer Seele spricht, die weitgehend getrennt von einem ebenfalls existierenden Körper vorhanden ist, sondern dass Seele und Körper – wie gezeigt worden ist – eine absolute Einheit bilden. Man könnte an Stelle des unscharf gewordenen Begriffs „Seele“ den Begriff „Leben“ zur Bezeichnung für diese Einheit wählen, aber dieser Begriff ist unscharf und überlastet. Kurzum: Wenn im Folgenden von „Seele“ die Rede ist, ist damit die Einheit und Gesamtheit des ganzen Lebens gemeint.

Der Vorgang der „Bahnung“ ist zur Zeit in den einzelnen körperlichen und seelischen Vorgängen noch nicht exakt erforscht. Wir müssen auch bei diesem Begriff eine gewisse Unklarheit in Kauf nahmen. Aber aus dem Zusammenhang wird hinreichend klar, was gemeint ist. Eine Sprache ist eben keine mathematische Konstruktion. Beispiel gefällig? Wenn man irgendwo liest, jemand habe „die zwei Tauben“ gesehen, so wird erst aus dem Zusammenhang klar, ob es sich um zwei Vögel oder um zwei Hörgeschädigte handelt.

Entscheidend wichtig ist in unseren Betrachtungen, dass der Begriff „Psychoviation“ rein sachlich und somit ethisch und moralisch völlig wertneutral zu verstehen ist; eine ethische Bewertung eines Bahnungsvorganges ist nur durch die ethische Bewertung des angestrebten Ziels der Bahnung möglich, eventuell auch durch die Bewertung der Mittel der Bahnung.

Man kann folgende Übersicht aufstellen:

Psychovation

(Einflüsse auf die Seele und den Körper mit bleibenden Spuren)

Eigene Aktivitäten	Fremde Aktivitäten
(Handeln, Erleben, Lernen,	(Gebote, Verbote, Belohnungen,
Denken, Gefühle, Arbeit,	Propaganda, lautstarke Rede,
Selbstsuggestion)	Zwänge, Fremdsuggestion)

Es ist im Rahmen dieses Buches natürlich nicht möglich, alle Aspekte der Psychoviation zu untersuchen. Wir wollen uns auf zwei Bereiche beschränken, nämlich auf die Lernvorgänge, die in einem anderen Kapitel betrachtet werden, und auf die Suggestion, über die wir in diesem Kapitel reden und die für das praktische Leben wohl auch die größere Bedeutung hat. Zur besseren Übersicht und zum leichteren Verständnis der Zusammenhänge ist eine tabellarische Übersicht über die Suggestion zusammengestellt worden (siehe nächste Seite). Zum besseren Verständnis der weiteren Ausführungen sollte diese Tabelle intensiv studiert werden.

Aber auch diese Tabelle kann aus Platzgründen nicht in allen Einzelheiten erklärt werden. Nachdem jedoch einige der in der Tabelle aufgeführten Zusammenhänge erklärt worden sind, wird der Leser sicherlich in der Lage sein, die sonstigen Zusammenhänge zu erkennen und in seinem eigenen Leben beim Umgang mit Menschen, insbesondere aber auch in der Erziehung von Kindern anzuwenden. Die tabellarische Übersicht erspart einerseits lange Erklärungen zu den Gefahren der negativen Suggestionen, und sie erspart andererseits auch langatmige Vorschläge zur Anwendung positiver Suggestionen. Sie ist einfach „praktisch".

Diese Tabelle ist jedoch kein exaktes „Kochrezept". Sie ist also nicht in allen Feinheiten vollständig. Es ist deshalb notwendig, dass diese Tabelle mit Fantasie und Verstand angewendet oder auch ergänzt wird.

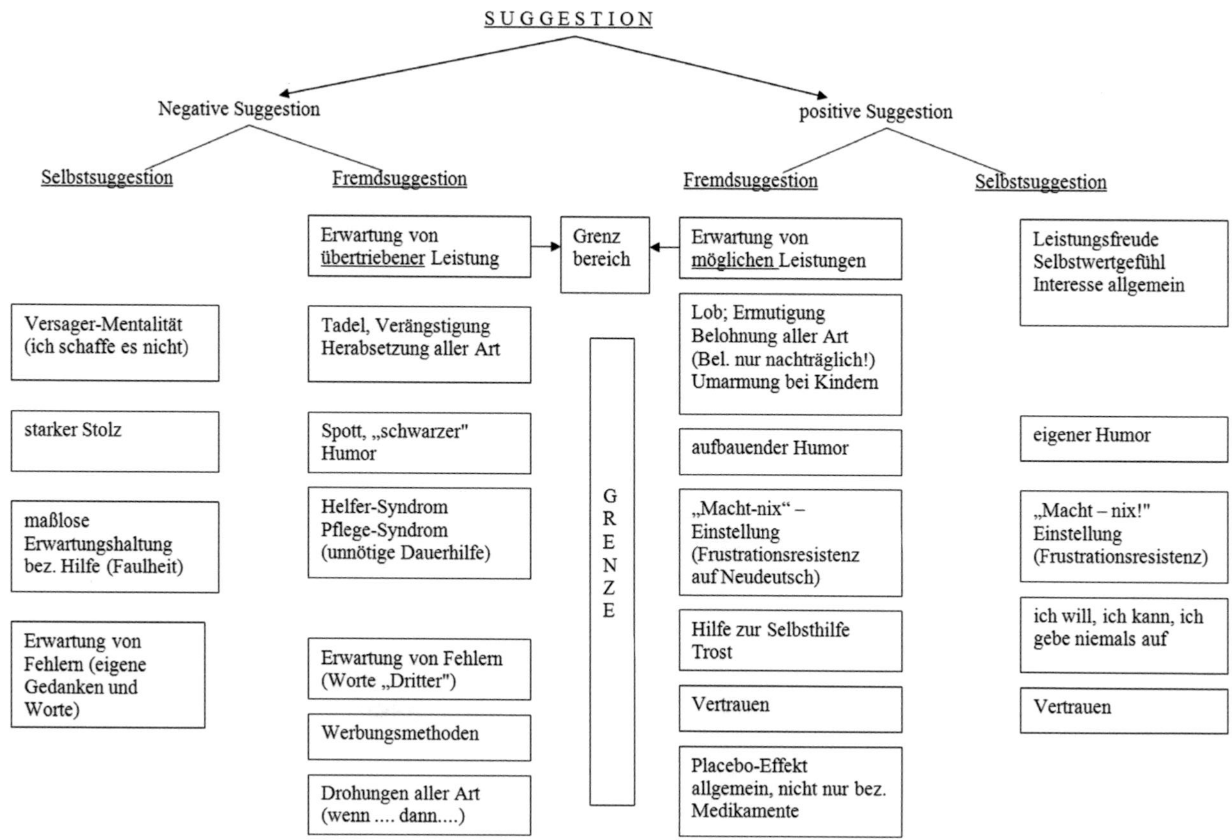

SUGGESTION
Negative Suggestion
positive Suggestion
Selbstsuggestion
Fremdsuggestion
Fremdsuggestion
Selbstsuggestion
Erwartung von übertriebener Leistung
Grenz bereich
Erwartung von möglichen Leistungen
Leistungsfreude
Selbstwertgefühl
Interesse allgemein
Versager-Mentalität (ich schaffe es nicht)
Tadel, Verängstigung
Herabsetzung aller Art
Lob; Ermutigung
Belohnung aller Art
(Bel. nur nachträglich!)
Umarmung bei Kindern
starker Stolz
Spott, „schwarzer" Humor
aufbauender Humor
eigener Humor
maßlose Erwartungshaltung bez. Hilfe (Faulheit)
Helfer-Syndrom
Pflege-Syndrom
(unnötige Dauerhilfe)
G R E N Z E
„Macht-nix" – Einstellung (Frustrationsresistenz auf Neudeutsch)
„Macht – nix!" Einstellung (Frustrationsresistenz)
Erwartung von Fehlern (eigene Gedanken und Worte)
Erwartung von Fehlern (Worte „Dritter")
Hilfe zur Selbsthilfe
Trost
ich will, ich kann, ich gebe niemals auf
Werbungsmethoden
Vertrauen
Vertrauen
Drohungen aller Art (wenn .... dann....)
Placebo-Effekt allgemein, nicht nur bez. Medikamente

Nehmen wir uns zunächst einmal bei den negativen, „schädigenden“ Suggestionen die Werbung vor. Schädigend? Na ja, nur für den Geldbeutel des / der Umworbenen, aber das reicht ja auch schon.

Zum Beispiel wird Fleisch in Prospekten meistens übermäßig rot gefärbt, und auch die anderen Farben werden fast immer übertrieben. Z. B. war in einem Gartenbauprospekt eine schöne, stark bläuliche Thuja angeboten. Sie gefiel dem Verfasser sehr gut. Nach dem Empfang der Ware hätte man die im Prospekt gezeigte Farbe jedoch nur durch eine blaue Farbsprühdose erreichen können.

Oder es werden zwei Dinge gleichzeitig gezeigt, davon aber nur eines zum Kauf angeboten. Neukonstruktionen wertvoller Autos werden bei der Erstvorführung meistens mit einem Topmodel verziert, obwohl jedermann weiß, dass nur der eine Teil käuflich zu erwerben ist. In Schaufenstern werden manchmal zwischen den verschiedenen Gegenständen Ketten aus geschliffenen Kristallglasteilen ausgelegt oder aufgehängt, um den Gefühlswert der Ware durch die funkelnden Pseudodiamanten zu steigern. Wie in diesen Beispielen werden auch sonst in der Werbung in der Regel Gefühle angesprochen. Und unter den verschiedenen Gefühlen spielt dabei der Stolz die Hauptrolle. Der Stolz ist ein sehr starkes Gefühl. Gefährlich kann der Stolz dann werden, wenn er der hauptsächliche Bestandteil des Selbstwertgefühl wird.

Es ist sowohl lustig als auch informativ, wenn man die verschiedenen Gründe für den Stolz betrachtet. Es gibt Gegenden in Deutschland, wo ein kleiner Besitz wie ein Auto oder ein Haus oder ein kleiner Garten der Grund des Stolzes ist. Man findet auch Gegenden, in denen möglichst viele Reisen die Grundlage des Stolzes sind. Und im Südwesten gibt es Gegenden, in denen das Sparen als Basis des Stolzes dient. Dort gilt: Egal um was es sich handelt: Sparen ist „angesagt“, grundsätzlich, immer, überall, auch wenn man gar nicht „knapp bei Kasse“ ist. Die Werbung für eine

Reise kann dann so aussehen: „Reisen Sie mit uns nach Klamaukien und sparen Sie dabei 100 Euro". Dass man den gesamten Reisepreis von 750 Euro sparen kann, wenn man die Reise gar nicht antritt, wird natürlich verschwiegen. Der / die Reisende wird stolz sein auf seine „Ersparnis"

Oder man spart beim Tanken von Benzin 2 Cent pro Liter, wenn man in eine andere Stadt fährt; die Fahrtkosten dorthin betragen „nur" 3 Euro. Dieses Beispiel steht als Prinzip für viele weitere „Spar" – Möglichkeiten, denn wenn man stolz ist, ist das Denkvermögen stark eingeschränkt. Um zu sparen, müsste man nämlich mehr als 150 Liter tanken!

Der Handel bietet oft auch noch andere „Spar" - Möglichkeiten: Bei Kleidungsstücken werden oft Mondpreise auf die Auszeichnungsschilder geschrieben, diese dann durchgestrichen und der erwünschte reelle Preis daneben geschrieben. Der Käufer ist dann echt stolz auf seine „Ersparnis". So viel zu Stolz, insbesondere zum „Spar-Stolz".

Die Liste der negativen, schädigenden Suggestionen enthält noch viele Beispiele dafür, wie man es möglichst nicht machen sollte beim Umgang mit den Mitmenschen. Sofern man Kinder hat und sofern man außerdem diese Kinder auch noch erziehen will, sollte man diese Negativsuggestionen kennen und dadurch vermeiden. Grobe Erziehungsfehler könnten dadurch seltener werden, aber zum Glück sind ja Kinder ein gutes Stück weit „frustrationsresistent".

Viel interessanter und wichtiger ist die Liste mit den positiven, aufbauenden Suggestionen. Diese sind nicht nur für die Erziehung von Kindern wichtig, sondern auch für die Erziehung von Erwachsenen. (Bei den letzteren formuliert man das allerdings ein wenig freundlicher und spricht von Lebensgestaltung, von Führung und Selbstführung.)

Wo soll man nun bei dieser Rubrik anfangen? Es gibt so viele Anwendungsmöglichkeiten für positive Suggestionen, dass diese Betrachtungen mindestens ein ganzes Buch füllen würden.

Zuerst wollen wir aber wieder auf den mittelalterlichen Arzt mit dem Namen „Paracelsus“ zu sprechen kommen. Er selbst hat allerdings mit Suggestionen im engeren Sinn nichts zu tun gehabt. Er hat jedoch für seine medizinischen Tätigkeiten einen Grundsatz gehabt, den auch wir immer wieder anwenden sollten, dann allerdings im Bereich der Psychologie.

Dieser Grundsatz lautet: Die Dosis eines „Stoffes“ (Mineralien, Pflanzenteile oder Auszüge aus Pflanzen, Flüssigkeiten usw.) entscheidet darüber, ob dieser „Stoff“ heilend oder giftig, also schädigend wirkt. Das war für das Mittelalter eine hervorragende Erkenntnis, und diese Aussage gilt auch heute noch fast ausnahmslos für Medikamente. Wir werden diesen Grundsatz auch auf seelische Vorgänge, also auch auf Suggestionen anwenden. Die Berechtigung zu diesem Vorgehen entnehmen wir aus der praktischen Erfahrung und aus der schon beschriebenen Tatsache, dass wir eine Einheit aus Geist, Seele und Leib sind.

Als Beispiel betrachten wir die Suggestionsformen „Lob“ und „Belohnung“. Der Verfasser musste längere Zeit mit ansehen und anhören, wie eine Schwimmlehrerin minimale Erfolge und Fortschritte bei einem 5-jährigen Kind mit den Ausdrücken „super, „Spitze“ und „großartig“ belohnte – und das fortlaufend. Dieses Kind kann einem nur leid tun, und dies aus zwei Gründen: Ein Kind von 5 Jahren kennt die Umgangssprache ausreichend gut und weiß, dass diese Ausdrücke maßlos übertrieben – oder deutlicher: verlogen – sind. Und zum zweiten kann dieses Kind bei einer wirklich guten Leistung kein angepasstes Lob mehr bekommen. Ein echtes Verständnis der Umwelt und ein angepasstes Verhalten wird durch eine derartige Lobhudelei erheblich erschwert oder gar unmöglich gemacht. Ein gut dosiertes angepasstes Lob ist natürlich sehr förderlich bei Jung und Alt; das ist eine Binsenweisheit.

Das andere Extrem ist natürlich auch grob schädigend für eine soziale Anpassung: In Südwest – Deutschland (sonst auch noch?) gibt es Regionen, in denen nicht nur das Geld gespart wird, sondern auch die Worte. Das führt dann dort zu dem Grundsatz: „Nichts gesagt ist schon gelobt". Das gibt es wirklich! So bitte auch nicht: Die Dosis macht´s!

Ähnliches gilt auch für die Belohnungen. Wenn ein Kind sich an die in einer Familie oder Gruppe üblichen Verhaltensgrundsätze hält (z.B. pünktliches Erscheinen), so ist dies kein dickes Lob oder gar eine Belohnung wert, sondern dies ist eine stinknormale Selbstverständlichkeit. Wenn ein Autofahrer an einer roten Ampel anhält, kommt auch nicht ein zufällig dort stehender Polizist herbeigerannt, um ein Lob oder gar eine Belohnung auszuteilen, denn das Verhalten des Autofahrers war einfach selbstverständlich. Man muss Kinder (und Erwachsene!) fördern und fordern, aber möglichst mit ein wenig Verstand! Lobhudelei fördert niemand, sondern baut höchstens maßlosen Stolz.

Die Tabelle mit den verschiedenen Suggestionsarten zeigt noch eine Besonderheit: Man kann zwischen Ermutigung und Verängstigung eine klare Grenze ziehen. Anders ist es jedoch bei der Erwartung von möglichen Leistungen. Eine Leistungsfähigkeit ist keine feste und gleichbleibende Eigenschaft, weder bei einer beruflichen Arbeit noch bei Lernvorgängen, insbesondere nicht bei Kindern. Die Erwartung von möglichen Leistungen muss mit viel Fingerspitzengefühl praktiziert werden. In der Tabelle ist deshalb ein Grenzbereich eingetragen.

Auf eine weitere Auswertung dieser Tabelle kommen wir im nächsten Kapitel zu sprechen, aber an dieser Stelle sind noch ein paar wichtige Dinge nachzutragen.

Dazu zählt die eigenartige Erfahrung, dass es ganz schwierig ist, Suggestionen mit dem Wort „nicht" zur Realisierung zu bringen. Manchmal hatte man den Eindruck, dass Suggestionen im Verneinungsstil überhaupt nicht von der Seele der angesprochenen Person aufgenommen wurde. Man darf also Suggestionen nicht etwa so formulieren: „Ich werde / du wirst nicht mehr dies oder jenes tun." Wenn irgendeine Handlungsweise oder ein Gefühl verschwinden soll, muss eine positive Suggestion als Gegengewicht gesetzt werden. Dies muss an Beispielen erklärt werden.

Hat jemand eine Abneigung gegen das Erlernen einer Sprache, so formuliert man am besten: „Du /Sie / ich habe (n) immer mehr Freude an dieser Sprache. Die Anwendung dieser Sprache wird mit Spannung und Freude erwartet. Der Besuch in diesem Land wird hochinteressant sein, weil man die Zusammenhänge zwischen der Sprache und der Lebensweise dieser Menschen vor Ort sehen wird" usw. Mit den Worten „immer mehr" wird die Taktik der kleinen Schritte angewendet, und diese Taktik funktioniert gut – immer!

Man könnte auf den Gedanken kommen, folgende Formulierung zu wählen: „Die Abneigung gegen diese Sprache und der Lernunwille verschwinden immer mehr." Davon ist aber ebenfalls dringend abzuraten, denn man spricht negative Dinge aus, und da man ja suggeriert, werden die Worte „Abneigung" und „Lernunwille" in das Unterbewusstsein der angesprochenen Person. eingelagert. Ob dabei auch das Wort „verschwinden" eingelagert wird, ist eine hochinteressante Frage, die aber offenbar noch niemand untersucht hat. Eine weitere offene Frage wäre, ob die negativen Seeleninhalte dann auch wirklich ganz verschwinden. Negatives schein sehr zählebig zu sein.

Aber wozu negative Begriffe in das Unterbewusstsein einlagern, gegen die man dann doch wieder ankämpfen muss. Das wäre sehr unrationell gearbeitet.

Diese Zusammenhänge sind in psychologischer, in philosophischer und in religionsgeschichtlicher Hinsicht sehr interessant; diese Diskussion kann aber nicht Gegenstand dieses Buches sein.

Ebenso interessant ist aber auch die bisher offen gelassene Frage, wie man sich gegen ungewünschte Fremdsuggestion schützt.

Die Abwehr von Fremdsuggestionen ist relativ schnell beschrieben. „Relativ“ heißt: Im Vergleich zu den vielen Ausführungen bezüglich des Aufbaus von Suggestionen. Es gilt nämlich ganz einfach das „Rumpelstilzchen-Prinzip“. Was heißt das?

In alten Märchen sind oft tiefgreifende Erkenntnisse versteckt. Hier kann natürlich nicht das ganze betreffende Märchen erzählt werden, sondern nur der „springende Punkt“: Ein Wesen aus der Unterwelt hatte einer Bauerntochter, die Stroh zu Gold verspinnen sollte, seine Hilfe angeboten. Nach drei Nächten der „Goldproduktion“ würde sie Königin in dem betreffenden Land werden. Als Gegenleistung für seine Hilfe verlangte dieses Wesen das erste Kind der Königin.

Nach der Geburt des ersten Kindes wollte aber die Königin ihr Kind nicht herausgeben. Das Wesen ging auf einen Handel ein: Wenn die Königin nicht innerhalb von drei Tagen den Namen des Wesens herausfindet, gehört das Kind diesem Wesen; wenn sie den Namen herausfindet, darf sie das Kind behalten. Ein Untertan der Königin fand in einem finsteren Wald ein Feuer, um das dieses Wesen herumtanzte und dauernd ausrief: „Ach wie froh bin ich, dass niemand weiß, dass ich Rumpelstilzchen heiß“.

Als nun am dritten Tag dieses Wesen wieder bei der Königin „aufkreuzte“ und gefragt wurde, ob es vielleicht „Rumpelstilzchen“ heiße, da wurde dieses Wesen maßlos wütend und zerriss sich selbst. Die Kenntnis seines Namens hat diesem Wesen die Lebenskraft geraubt, und das Erkennen einer Fremdsuggestion raubt dieser Suggestion ihre Wirkungskraft. Denn gegen eine erkannte unerwünschte Fremdsuggestion setzt man automatisch seine eigenen Gedanken und Worte und bahnt dadurch die Abwehr und Vernichtung der Fremdsuggestion an. Das muss noch genauer begründet werden.

Die Umgangssprache verrät dies auch schon. Man sagt: Der / die XY wollte mir „aufhalsen“ (oder weismachen oder glauben machen), dass .... Diese Sprechweise zeigt, dass man erkannt hat, was einem „untergejubelt“ (sub-geriert) werden sollte, und dadurch ist die Abwehr dieser Suggestion eingeleitet. Aber nur eingeleitet! Zur vollkommenen Abwehr müssen noch aggressive Worte oder Gedanken gegen diese Fremdsuggestion gestellt werden: „So eine Frechheit!“ oder : „Hat der / die vielleicht gedacht!“ Dadurch wendet sich ein Teil der Aktionskraft gegen diese Suggestion und zerstört sie weitgehendst.

Dann ist Frieden im Haus – d.h. in der Seele; denn die unerwünschte Fremdsuggestion hat dadurch ihre Kraft verloren.

In jedem Menschenleben gibt es Zeiten der Schwierigkeiten. Und was dann?

Ein Grundsatz steht auf alle Fälle unverrückbar fest: Niemals gebe ich auf! Niemals!

Und mit diesem Grundsatz geht es an die notwendigen Handlungen, Gedanken und Gefühle. Was aber zuerst? Aus dem Kapitel über Suggestion ist klar geworden: Zuerst müssen die Gedanken und Gefühle „in Ordnung“ gebracht werden. Dazu verwendet man aufbauende Gedanken und Gefühle, oder anders ausgedrückt: Man baut positive Suggestionen. Das ist echte „Aktion“, aber dabei trotz aller Eile nicht übertreiben, sondern an Paracelsus denken: Der Erfolg ist maßgebend! Man lasse doch einfach die anderen in ihren negativen Gedanken „wursteln“, sie bekommen mit Sicherheit das Resultat ihres Lebensstils zu spüren. Das ist ein Naturgesetz!

Aus dieser Fülle der positiven Gedanken und Gefühle heraus geht es an passende Handlungsweisen. Dabei passt man immer sehr genau darauf auf, dass die Aktionskraft nirgends in negative Kanäle einströmt. Keine Sorge: Angst und aufbauende Suggestionen können niemals gleichzeitig in einer Seele sein!

Wenn man es versteht in ein freude – volles (wörtlich gemeint!) Suggerieren die Prinzipien des nächsten Kapitels einzubauen, dann kann man sich auch aus sehr verfahrenen Situationen herausarbeiten. Aber: „Arbeiten“ steht da! Münchhausen – der sich an den eigenen Haaren aus dem Schlamm zog – kann nur mit Arbeit und Mühen nachgeahmt werden! Nachgeahmt? Das sieht nur von weitem so aus. Ein „echter Münchhausen“ braucht für sein Husarenstück keine Mühe und Arbeit – und das funktioniert nicht!

Teufelskreise

Wir wollen jetzt noch einmal das Übersichtsblatt der Suggestion betrachten. Wenn man sich über die einzelnen Suggestionsformen Gedanken macht, werden manche Zusammenhänge zwischen diesen Begriffen erkennbar. Und diese Zusammenhänge sind sehr, sehr wichtig, weil sie sehr „wirkungsvoll" (wörtlich!) sind. Deshalb sollte man diese Zusammenhänge unbedingt kennen und ihre Auswirkungen verstehen. Dann kann man die negativen Auswirkungen dieser Zusammenhänge vermeiden und die positiven Auswirkungen gezielt anwenden. Aber einen Schritt nach dem anderen!

Leicht erkennbar ist z. B. dass zwischen einer Versagermentalität und dem zugehörigen Tadel oder den sich aus dieser Einstellung ergebenden Herabsetzungen ein Zusammenhang besteht. Jedes Versagen führt zu herabsetzenden Bemerkungen, eventuell auch vor „Dritten". Dadurch wird das – sowieso schon schwache – Selbstwertgefühl geschädigt. Die Furcht vor neuem Versagen wächst dadurch natürlich, und dies führt zu neuem Versagen, das meistens noch stärker ausgeprägt ist als bisher. Die Umgebung reagiert darauf natürlich negativ in irgendeiner Form, sei es nun durch Tadel, Herabsetzung, Vertrauensminderung usw., und in diesen Reaktionsformen ist auch ein Stück Strafe enthalten. Durch diese Wechselwirkung baut sich eine immer stärkere Angst vor weiterem Versagen auf, und jede Form von Angst – vor was auch immer – ist eine sehr „gute" Basis für alle negativen Denkweisen, negativen Gefühle, für negatives Reden und für weiteres Versagen.

So kommt es zu einer sog. „Aufschaukelung" von negativen Gefühlen, negativem Denken, negativen Äußerungen und negativen Handlungen, Versagen usw., jeweils wechselweise. Mit ein wenig Fantasie kann man sich vorstellen, dass es sich um ein kreisförmiges Geschehen handelt, in dem sich die „Akteure" auf gegenüberliegenden Positionen befinden. Da nur Negatives, Schä

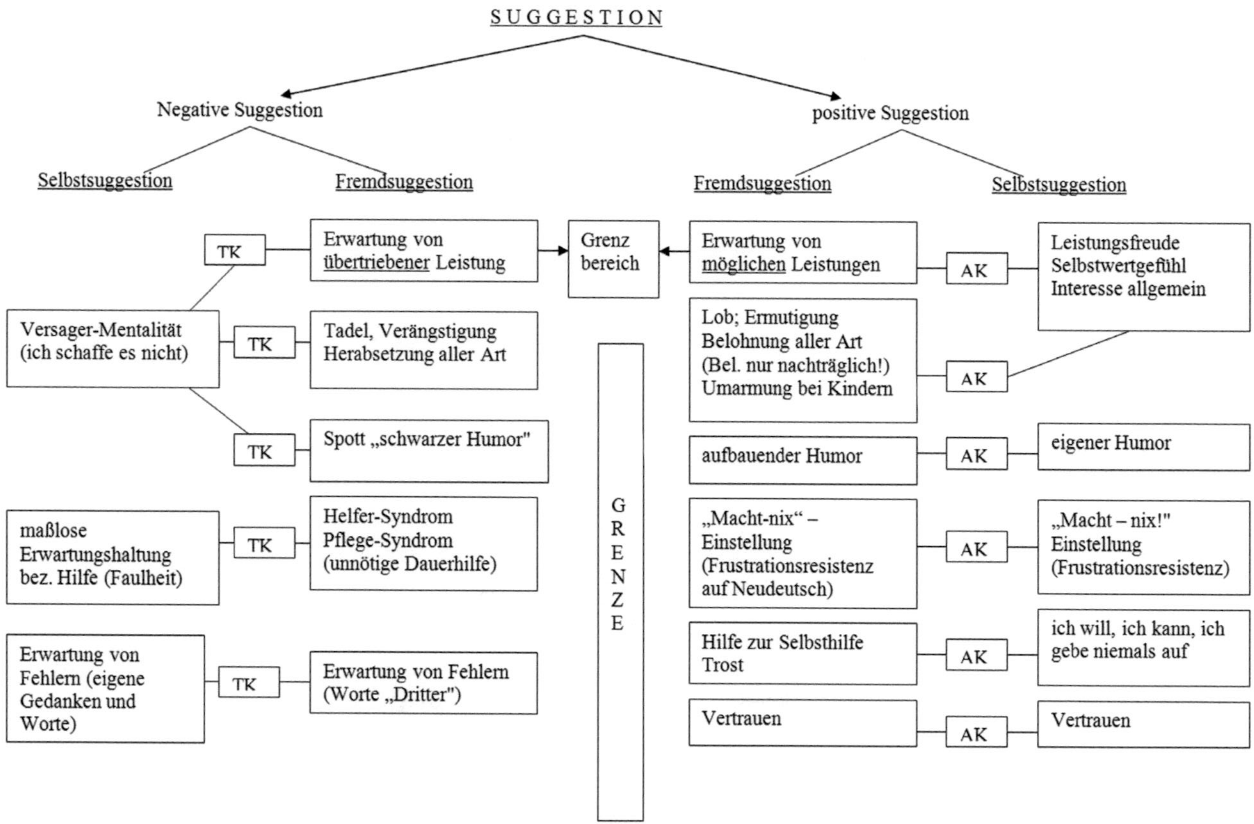
SUGGESTION
Negative Suggestion
positive Suggestion
Selbstsuggestion
Fremdsuggestion
Fremdsuggestion
Selbstsuggestion
TK
Erwartung von übertriebener Leistung
Grenz bereich
Erwartung von möglichen Leistungen
AK
Leistungsfreude Selbstwertgefühl Interesse allgemein
Versager-Mentalität (ich schaffe es nicht)
TK
Tadel, Verängstigung Herabsetzung aller Art
Lob; Ermutigung Belohnung aller Art (Bel. nur nachträglich!) Umarmung bei Kindern
AK
TK
Spott „schwarzer Humor"
aufbauender Humor
AK
eigener Humor
GRENZE
maßlose Erwartungshaltung bez. Hilfe (Faulheit)
TK
Helfer-Syndrom Pflege-Syndrom (unnötige Dauerhilfe)
„Macht-nix" – Einstellung (Frustrationsresistenz auf Neudeutsch)
AK
„Macht – nix!" Einstellung (Frustrationsresistenz)
Erwartung von Fehlern (eigene Gedanken und Worte)
TK
Erwartung von Fehlern (Worte „Dritter")
Hilfe zur Selbsthilfe Trost
AK
ich will, ich kann, ich gebe niemals auf
Vertrauen
AK
Vertrauen

digendes entsteht und sich gegenseitig verstärkt, hat man für solche Vorgänge den Ausdruck „Teufelskreis" geprägt. In unserer Übersicht haben wir diesen Vorgang durch „TK" gekennzeichnet.

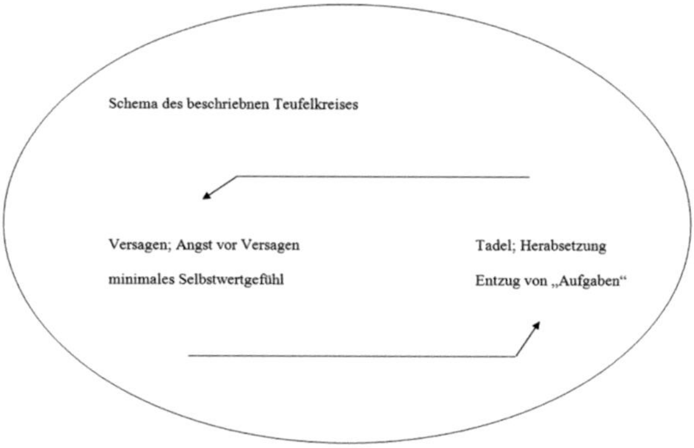

Natürlich ist unsere tabellarische Übersicht unvollständig. Es ist deshalb notwendig, dass vor allem Eltern und Erziehende, aber auch alle, die mit Menschenführung zu tun haben, sich Gedanken darüber machen, wo es in ihren Beziehungen zu den Mitmenschen solche Teufelskreise schon gibt, oder wo die Gefahr der Bildung von Teufelskreisen droht. Und das ist eine echte Bedrohung, wenn man an die vielfältigen negativen Auswirkungen von Teufelskreisen denkt.

Einen Teufelskreis bilden auch die wohl jedem bekannte „Aufschieberitis" und der zugehörige Tadel (nicht in der Tabelle enthalten, da keine klassische „Suggestion").

Es kann jedoch nicht Aufgabe dieses Buches sein, noch viele weitere Beispiele von Teufelskreisen zu beschreiben und zu diskutieren. Die tabellarische Übersicht enthält ja einiges Material über mögliche Teufelskreise. Ein weiteres Beispiel soll deshalb beschrieben werden, weil es sowohl bei der Erziehung von Kindern als auch bei der Selbstführung wichtig ist: Das Beispiel von den Fehlern bzw. der Erwartung von Fehlern.

Betrachten wir also den Bereich der Erziehung. Kinder machen natürlich Fehler, gleichgültig ob es sich um Rechtschreibung, um Rechnen, um Verhalten im Straßenverkehr oder um Verhalten im sozialen Bereich handelt. Diese Fehler müssen berichtigt werden, aber ohne großes „Tamtam“. Macht man nämlich aus einem Fehler ein Riesentheater, setzt man sehr wahrscheinlich einen Teufelskreis in Gang. Z. B. ist eine volle Hose zwar kein Grund für ein Lob, aber auch kein Grund für Demütigungen. Die Ursache kann ja sehr verschieden sein, (z. B. eine Darminfektion) und die Reaktion der „Umgebung“ sollte sachlich bleiben.

Gefährlich werden Fehler nur dann, wenn auf sie falsch reagiert wird. Wenn Eltern, Lehrer und Erzieher stets neue Fehler bei den Kindern befürchten – (das ist eine Form der Erwartung!) – sind wiederholte Fehler der alten Art fast vorprogrammiert. Noch schlimmer wird die Sache dann, wenn Erziehende sogar zu den Kindern sagen, dass sie mit neuen Fehlern rechnen. Damit werden Fehler niemals abgestellt, sondern im Gegenteil suggestiv vorprogrammiert. Es kann also folgender Teufelskreis entstehen, der natürlich Ähnlichkeiten zu dem obigen Teufelskreis besitzt:

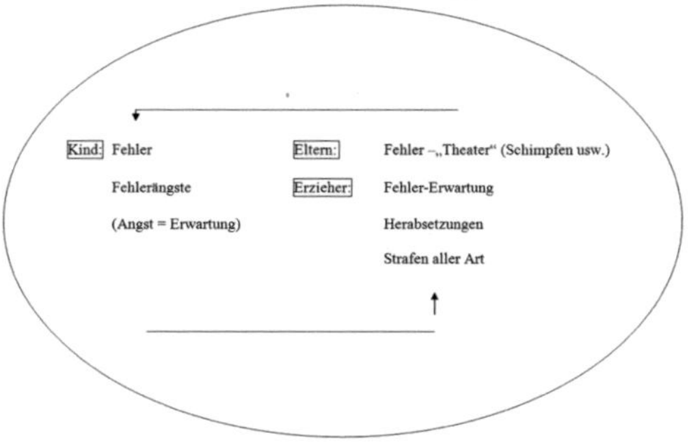

Noch einmal sei hier das Prinzip des Teufelskreises klar herausgestellt: Das Negative des einen „Partners“ steigert das Negative beim anderen „Partner“, und umgekehrt: Es ist ein gegenseitiges „Aufschaukeln“ in negativen Bereichen. Da in diesen Vorgängen die sich stets erneuernde Aktionskraft den Antrieb liefert, kann dieses Geschehen bis zu den krassesten Verhaltensformen führen. Dann sind durchaus auch Handlungen gegen die Gesundheit oder gar gegen ein Menschenleben (Selbstmord) möglich. Es sind eben echte Teufelskreise, deren Auswirkungen fast jede Grenze überschreiten können. Deshalb ist das Verständnis dieser Vorgänge so immens wichtig. Und sehr wichtig ist dabei auch, dass die in einem Teufelskreis verbrauchte Aktionskraft in anderen Lebensbereichen fehlt!!

Noch ein Wort zu den „Partnern“. Dabei braucht es sich keineswegs um Einzelpersonen zu handeln, sondern es können auf beiden Seiten des Teufelkreises auch kleinere oder größere Gruppen agieren. In Extremfällen kann eine Einzelperson gegen eine größere Volksgemeinschaft handeln. Oder es können auf beiden Seiten größere Volksgruppen oder ganze Völker stehen, wie es z.B. bei einer Volksverhetzung geschieht.

Wenn bei größeren Volksgruppen als „Partner“ in einem Teufelskreis die sich stets erneuernde Aktionskraft nicht in friedenstiftende Kanäle geleitet wird, ist ein Krieg fast unausweichlich. Das muss man sich ganz gründlich klar machen. Über Abbau und Zerstörung von Teufelskreisen wird später noch einiges gesagt werden.

Wo es Menschen gibt, sind also Teufelskreise möglich. Deshalb muss diese Gefahr überall beachtet werden. Es sollen nur noch wenige Beispiele genannt werden: Das Verhältnis von Arbeitgeber und Arbeitnehmer (Arbeitsweise; Arbeitsmenge), das Zusammenleben in einer Ehe oder bei einer schwierigen Expedition, Schüler untereinander oder ihr Verhältnis zu Lehrern, Umgang mit Säuglingen (Geschrei oft als „Kampfmittel“). Man sollte eben möglichst viele Vorgänge im alltäglichen Leben aus dem Blickwinkel von Teufelkreisen betrachten, dann findet man auch immer mehr. Auch hier gilt: Übung macht den Meister! Und die beigefügte Tabelle der Suggestionen kann man auch zu dieser Übung benutzen.

Es wurde über das Erkennen von Teufelskreisen gesprochen; es wurde auch über das Vermeiden von Teufelskreisen geredet. Was aber macht man, wenn man sich selbst oder wenn man andere aus einem Teufelskreis befreien will?

Als erstes sollte man versuchen, innerhalb einer ausgiebigen Besprechung allen Beteiligten den Aufbau und das „Funktionieren“ des betreffenden Teufelskreises klar zu machen. Dabei sollte klar werden, was jeder Einzelne bis zu diesem Zeitpunkt zum Funktionieren des Teufelskreises beigetragen hat.

Hinter diesem Vorgehen steht das Rumpelstilzchen-Prinzip: Das meiste Negative zerbricht in seiner Wirkungsweise sobald diese Wirkungskreise erkannt und „benannt“ worden ist, wobei das „Benennen“ sehr verschieden aussehen kann. Das ist eines der in der geistigen Welt geltenden Gesetze (vgl. die Psychoanalyse). Mehr kann zu diesem kurzem Einblick in die geistige Welt an dieser Stelle nicht gesagt werden, denn wir reden über Teufelskreise. Aber man kann ja über diese seelisch-geistige Gesetzmäßigkeit alleine nachdenken.

Und dann muss möglichst jeder Beteiligte seinen Beitrag zum Funktionieren des Teufelskreises rigoros und vollständig beendigen. Dadurch wird der Teufelskreis überall gleichzeitig zerstört und die Aktionskraft umgeleitet, was natürlich zu einem schlagartigen Ende seiner Wirkung führt.

Je kleiner der Prozentsatz derer ist, die als Beteiligte eines Teufelskreises an diesem Aufklärungsvorgang mitwirken, um so schwieriger wird der Abbau eines Teufelskreises. Ganz erhebliche Schwierigkeiten ergeben sich, wenn ein Einzelner einen Teufelskreis zerbrechen will (oder muss), an dem etliche andere Menschen beteiligt sind, die aber wegen fehlender Intelligenz oder wegen fehlendem Wollen nicht „mitspielen“. Dann muss man mit viel „Mühe“ versuchen die Antriebskräfte aus dem Teufelskreis langsam herauszunehmen. Wer sich bei einer derartig schwierigen Aufgabe keine geistige Hilfe holen kann, der ist wirklich „arm dran“.

Etwas weiteres ist bei der Zerstörung von Teufelskreisen

sehr wichtig und sollte nie vergessen werden: Der Zeitfaktor. Da es sich um Aufschaukelungen handelt, muss die Zerstörung der Teufelskreise baldmöglichst angefangen werden.

Ausgesprochene „Kochrezepte“ gibt es allerdings für diese Vorgänge nicht, die Vielfalt der Umstände ist zu groß. Man kann jedoch als Grundsatz sagen: Teufelskreise sollten so bald wie möglich von so vielen Beteiligten wie möglich so gründlich wie möglich zerstört werden. Gründlich: zurückgebliebene „Glutnester“ (Feuerwehrjargon) können ein erneutes Auftreten des alten Teufelkreises verursachen! Die Anwendung von Verstand ist also zweckmäßig. Aber niemals aufgeben! Man kann Rückschläge auch als Arbeitsmotivation verwerten! Depressive Gedanken sind tabu – völlig!

Noch einmal: Gründlich. Bei den Gesprächen, die zur Aufdeckung eines Teufelkreises und seiner Wirkungsmechanismen nötig sind, kann man nicht gesellschaftlich übliche Floskeln austauschen, sondern muss die Fakten hart und klar aussprechen. Dabei ist anzustreben, dass ein Übergang von der Höflichkeit zur Unhöflichkeit bei diesen Besprechungen nur selten stattfindet, weil sonst zusätzliche Teufelskreise entstehen können.

Arbeitskreise

Und jetzt kommt eine sehr interessante und von jedermann anwendbare Sache:

Das bei den Teufelskreisen vorgefundene Prinzip der Aufschaukelung ist ja an sich in Bezug auf soziale oder ethische Wertvorstellungen völlig neutral. Während bei den Teufelskreisen immer nur von negativen Auswirkungen die Rede war, entsteht also die Frage ob es nicht auch Aufschaukelungen in positiven Bereichen gibt. Darüber soll in den folgenden Zeilen nachgedacht werden.

Schon von weitem ist erkennbar, dass die Anwendung von Aufschaukelungen in positiven Bereichen ein erheblich größeres Gewicht in unserer Gesellschaft erhalten könnte als die Betrachtung von Teufelskreisen. Denn grundsätzlich ist kein einziger gesellschaftlicher Bereich prinzipiell von Möglichkeiten einer Aufschaukelung in Richtung zum Besseren ausgenommen. Als Beispiele sollen nur ein paar wenige Begriffe in den Raum gestellt werden: Soziales Verhalten, Lernwillen und Lernvermögen; Interesse an Wissenschaften aller Art; sportliche Leistungen; Arbeitswille. Jeder kann auch an seine Hobbys und Lieblingstätigkeiten denken.

Um was es bei der Aufschaukelung in positiven Bereichen geht, kann am besten an einem Beispiel gezeigt werden. Dazu betrachten wir wieder die Übersicht über die Suggestionen. Sehr wichtig ist bei dieser Sache, dass die folgenden Ausführungen für beinahe alle Lebensalter gültig sind, also sowohl für Kinder in fast allen (!) Lebensbereichen – insbesondere bei Lernvorgängen – als auch für Erwachsene bis hinein in die Techniken der Selbstführung. Über Selbstführung wird später noch besonders zu reden sein.

In der einen Spalte unter den positiven Suggestionen stehen die Begriffe „Lob, Ermutigung und Belohnung". Wenn ein Kind oder ein Erwachsener für seine „Arbeit" oder für sein sozial positives Verhalten gelobt wird, steigert dies natürlich die Freude an diesem Tun. Die „Leistungsfreude", das Selbstwertgefühl und auch ein ganz allgemein ausgerichtetes Interesse an allen Vorgängen in der Welt werden dadurch gesteigert. Bei Kindern sagt der Volksmund dazu: Der/die XY ist „aufgeweckter" geworden, was diesen Vorgang sehr treffend beschreibt.

Diese gesteigerte Leistungsfreude führt zu weiterem Lob, zu mehr Ermutigung oder vielleicht sogar zu Belohnungen. Dadurch werden durch eine weitere Steigerung des Interesses auch die betreffende „Leistung" und das Selbstwertgefühlt gesteigert. Noch mehr Lob wird die Folge sein und so kann das weitergehen, wenn man so will „im Kreis herum". Ganz offensichtlich sind diesem Vorgang kaum Grenzen gesetzt. Wenn Kinder immer begeisterter werden, weil sie sich in einem derartigen Aufschaukelungs-Kreis befinden, können sie am Ende richtiggehend „gefangen genommen" sein von ihren Aktivitäten.

Aktivitäten! Kein Bildschirm und kein Süßgetränk kann auch nur annähernd dieselbe Steigerung des Selbstwertgefühls zuwege bringen wie sie mit solchen Aufschaukelungsvorgängen erreichbar ist. Auf diesem Weg kann man Kinder „begeistern"; begeistern von einem Können aller Art, von einem umfangreichen Wissen, von Fremdsprachen (Plural), von sozialen Tätigkeiten, von Naturwissenschaften, von technischen Vorgängen und ihren Gründen, vom Leben der Tiere und der Pflanzen usw. usw.

Warum tut man nichts derartiges? Warum überlässt man die Kinder und Jugendlichen den Aufschaukelungsvorgängen des Konsums von Alkohol und Psychopharmaka? Ja, man verbietet doch vieles! Und man glaubt dann, durch Negatives (Verbote) etwas Positives (Lebensqualität) zu schaffen. So ein Unsinn!

Wie gezeigt worden ist, kann man auch die positiven Aufschaukelungen kreisförmig sehen. Da hierbei etwas Positives aufgebaut und erarbeitet wird, wollen wir diese Kreise „Arbeitskreise" nennen. Das Prinzip, der kreisförmige Vorgang, ist also bei Teufelskreis und beim Arbeitskreis genau dasselbe. Dieses Prinzip ist – wiederholt gesagt – ethisch neutral. Der Unterschied kommt durch das Resultat. Damit ist aber auch auf die Gefahr hingewiesen, dass ein Arbeitskreis in Extremfällen zu Übertreibungen und dadurch zu negativen Resultaten führen kann. Paracelsus hat immer recht: Die Dosis macht's!

Hier nun das Schema des oben beschriebenen Arbeitskreises (in der Übersicht als „AK" bezeichnet):

→	↓
Lob; Ermutigung	**Leistungsfreude; Interesse**
Belohnung aller Art	**Selbstwertgefühl**
↑	←

Die Tabelle der Suggestionen enthält einige Beispiele für Arbeitskreise. Diese Beispiele sind natürlich keineswegs vollständig. Bei der Menschenführung und besonders bei der Selbstführung muss man eben mit Scharfblick und Fantasie arbeiten. Aber es lohnt sich, wie noch gezeigt wird.

Die Anwendung solcher Arbeitskreise ist natürlich nicht neu, sondern sie werden auf den verschiedensten Gebieten schon angewendet, vor allem im Sport. Entscheidend wichtig ist aber das Erkennen des darin enthaltenen Prinzips und die gezielte und bewusste Anwendung dieses Prinzips bei möglichst vielen Gelegenheiten im Leben.

Es liegt somit auf der Hand, dass solche Arbeitskreise in großer Anzahl zu finden sind und in noch weit größerer Anzahl für die verschiedenen Zwecke konstruiert werden können. Man muss nur seinen Blick für solche Zusammenhänge ein wenig schärfen.

Das Gebiet der Menschenführung – insbesondere der Kindererziehung – ist ein weites Feld zur Anwendung von Arbeitskreisen.

Immer wieder war in unseren Betrachtungen von Selbstführung die Rede. Dazu gehören auch die in der Tabelle aufgeführten positiven Selbstsuggestionen. Durch sie kann man bezüglich seiner Lebensqualität viel Positives erreichen. Um jedoch zu Spitzenleistungen zu kommen (wer will sie nicht?), gibt es noch einen anderen Weg. Und das ist ein echter Knüller! Man muss jedoch genau wissen, wie „man" es macht: Es ist die Kombination von Selbstsuggestion und Arbeitskreis.

In den positiven Arbeitskreisen standen sich jeweils zwei „Partner" gegenüber, die sich wechselseitig stimulieren und aufbauen. Jetzt wollen wir die – scheinbar leicht verrückte- Idee untersuchen, dass vielleicht beide „Partner" dieselbe Person sein könnten, dass sich also der Arbeitskreis innerhalb einer einzigen Seele abspielt. Das hätte den Vorzug, dass sich beide „Partner" genau kennen und keiner dem anderen etwas vorschwindeln kann, egal wie minimal. Außerdem wäre der jeweilige „Partner" nie indisponiert, wenn man ihn braucht. Er hätte nie Kopfweh. Er stünde immer zur Verfügung. Das wäre schön; aber geht das denn überhaupt?

Anstatt vieler Theorien wollen wir einfach in die Praxis schauen: Es geht! Dazu schreibt die Stuttgarter Zeitung am 14.06.2008 ein Zitat eines 18-jährigen Schülerstudenten (Sie haben richtig gelesen!): „Ich will mir beweisen, dass ich es kann". Und weiter: So ein Studium sei eine gute Möglichkeit, „sich durch außerschulische Leistungen von den anderen abzuheben".

Hierbei wird also der oben beschriebene Arbeitskreis innerhalb einer einzigen Person aufgebaut und fortlaufend aktiviert. Dabei können sich keinerlei Störungen durch den „Partner" bemerkbar machen. Und wenn der eine „Partner" einmal einen faulen Tag machen will, spielt der andere „Partner" (zwangsläufig) mit. Das ist ein Beispiel für optimale Selbstführung.

Wie es das Zitat kaum übertreffbar exakt ausdrückt, ist die Steigerung des Selbstwertgefühls das Hauptziel dieses Arbeitskreises. Das ist außerdem eine Kombination von selbstsuggestiver Lernmotivation und optimaler Selbstführung, und damit erreicht man nicht nur Spitzenleistungen bezüglich des Lernens, sondern auch eine sehr stabile Gesundheit. Denn die Seele findet nirgendwo einen Grund, um aus einem derart ausgefüllten Leben auszubrechen.

Wer anerkannt ist, wer „ankommt", wer sich angenommen weiß, wer gebraucht wird, wer weiß, dass er / sie etwas kann und leistet, hat tausend Gründe gesund zu sein –und bleibt es dann sehr wahrscheinlich auch. Das sind eigentlich uralte Erkenntnisse der psychosomatischen Medizin. Und wer diese Erkenntnisse anwendet, wird wahrscheinlich auch uralt – entgegen den Berechnungen der Rentenkasse.

Die Seele entscheidet über die allermeisten Lebensvorgänge. Das haben wir schon bei dem Begriff „Placebo" kennen gelernt. Es gibt jedoch Autoren, die über viele hundert Seiten hinweg in ihren Büchern über gesunde Lebensführung nicht ein einziges Mal von einer Seele reden, sondern ganz grimmig immer nur von Anlagen und von Schaltern für diese Anlagen schreiben. Man hat nach einer solchen Lektüre irgendwie das Bedürfnis zu einem Elektrotechniker zu gehen. Psychiater sind dann wohl Phantasten, was aber trotz aller Grimmigkeit nie direkt behauptet wird. Wo sich die „Anlage" und der „Schalter" für Placebos befindet bleibt dabei völlig offen.

Die Seele ist ein immer noch weithin unbekannter Machtfaktor im menschlichen Leben. Der britische Kosmologe Stephen Hawking, der durch seine Theorien zum Urknall bekannt wurde, hat die fast immer nach zwei bis fünf Jahren zum Tod führende Krankheit „Amyotrophe Lateralsklerose" und ist vollkommen gelähmt. Er hat diese Krankheit aber schon 45 Jahre! Und er hat vor kurzem eine neue Theorie zum Urknall veröffentlicht. Offenbar hat seine Seele den „Abschiedsschalter" gut versteckt. Die Seele entscheidet also ganz offensichtlich das meiste im Leben. Deshalb sind Kenntnisse über Psychoviation, also über Selbstführung, über Suggestion und „Verwandtes" so wichtig.

Es soll noch ein Arbeitskreis angeführt werden, der sowohl in der Erziehung von Kindern wichtig ist als auch für eine Verinnerlichung taugt, der also auch für die Selbstführung verwendet werden kann: Es handelt sich um die „Macht-nix"-Einstellung.

Wie die Tabelle zeigt, müssen die beiden Partner" des Arbeitskreises dieselbe seelische Einstellung und dieselben Redeweisen haben. Das ist zuallererst <u>eine Frage des Wollens</u> auf beiden Seiten des Arbeitskreises. Dieses Wollen ist aber – und dies ist der unverrückbare Kernpunkt dieses Arbeitskreises – von allen widrigen Umständen der augenblicklichen Situation der beiden Partner absolut unabhängig. Ein gezieltes Wollen kann jeder aufbringen, sofern er / sie nicht in maßloser Tiefe einer seelischen Erkrankung steckt. Aber von solchen Situationen ist hier nicht die Rede. Jeder, der am Alltag der Gesellschaft teilnehmen kann, kann auch ein gewisses Wollen aufbringen, ob viel oder wenig. Noch einmal: Das ist die unverrückbare Grundlage dieses Arbeitskreises.

Und dann folgt wieder die altbewährte Taktik der kleinen Schritte. An irgendeiner Kleinigkeit beginnen die beiden Partner des Arbeitskreises diese „Macht-nix" - Einstellung. Zum Beispiel hat man ein wenig Tee verschüttet. Das kann man in Eile und ohne irgendein „Theater" aufwischen. Vielleicht kann ein auch kurzer Ratschlag zur Vermeidung solcher Vorfälle in Zukunft hilfreich sein; aber nur vielleicht!

Lieber zehn Mal keinen Ratschlag als einen einzigen Ratschlag zuviel! Denn durch die ganz allgemein angestiegene Empfindsamkeit der Menschen heutzutage könnte ein Teufelskreis in Gang gesetzt werden. Unser Motto „Hilfe zur Selbsthilfe" erfordert sehr feinfühliges Verhalten und große Zurückhaltung. Man muss bedenken, dass Ratschläge – meistens wohl völlig ungewollt

– ein ganz kleines Stück Überheblichkeit oder sogar Tadel enthalten können. Können! Nicht vergessen: Wir wollen ja eine „Macht-nix“ – Einstellung aufbauen!

So kann man durch gegenseitiges seelisches Aufbauen der beiden Partner in diesem Arbeitskreis immer schwierigere Situationen durch eine „Macht-nix“ – Einstellung beherrschen. Erwachsene können auf diesem Wege auch Mobbing durch Privatleute oder Behörden erfolgreich abwehren, wie der Verfasser ausprobieren musste. Und wenn man dabei auch nur eine „Macht-fast-nix“ - Einstellung erreicht, ist das doch ein ganz großer Erfolg!

Für Kinder ist dieses Verfahren zu abstrakt; sie wollen mehr „Substanz“ in diesen Vorgängen sehen. Das Prinzip des Arbeitskreises bleibt jedoch gleich wie bei Erwachsenen. Aber zusätzlich zu den gegenseitigen Aufschaukelungen zur „Macht-nix“-Haltung muss man den Kindern an konkreten Beispielen zeigen, dass der / die Mobbende auf bestimmten Gebieten deutlich weniger weiß oder kann als der / die Gemobbte. „Der/die XY kann dir doch das Wasser nicht reichen!“ Dadurch entsteht kein „Mehrwertgefühl“ sondern ein „Mehrwertwissen“, und dieses enthält – auch für Kinder – ausreichend „Substanz“. Man kann zusätzlich kleine Belohnungen für Fortschritte in der „Macht-nix“-Haltung geben, und diese sollten – ausnahmsweise! – süß sein.

Als letztes Beispiel sei noch ein „Gebiet“ erwähnt, auf dem Arbeitskreise schon immer praktiziert wurden, ohne dass man das so genannt hat: Der Leistungsport. Eine kleinere sportliche Leistung schafft Freude an diesem Tun, und diese Freude spornt zu einer gesteigerten Leistung an. Die Freude über die verbesserte Leistung, vielleicht kombiniert mit Lob und Anerkennung „Dritter“, führt zu weiterer Leistungssteigerung. So kann das weitergehen bis zur höchsten Leistung, zu welcher diese Person überhaupt fähig ist.

An dieser Stelle ist aber eine Gefahr erkennbar: Wirken in diesem Arbeitskreis andere Personen als „Partner“ mit, besteht die

Gefahr einer Überforderung des Sportlers. Spielt sich der Arbeitskreis jedoch in derselben Person ab, ist eine Überforderung fast unmöglich. Der Abbruch einer Leistungssteigerung fällt dann natürlich viel leichter, weil der „Gesichtsverlust" gegenüber Dritten wegfällt.

Es ist also gezeigt worden: Der Aufbau und die Anwendung von Arbeitskreisen ohne einen echten „Partner", also innerhalb einer einzigen Person ist nicht nur möglich, sondern kann sogar Vorzüge gegenüber einem Arbeitskreis mit einem echten „Partner" haben. Dies ist für eine effektive Selbstführung von großer Bedeutung.

Bei diesem Beispiel vom Leistungssport sieht man geradezu den Paracelsus, wie er von weitem mit dem Zaunpfahl winkt: „Die Dosis macht`s!" Was heißt das bei uns, wir nehmen doch keine Medikamente? In Bezug auf die Suggestionen und speziell auf die Arbeitskreise kann das nur bedeuten, dass man alles nicht übertreiben darf. Man darf nie ganz „abheben", sondern muss mit einer soliden „Grundberührung" arbeiten. Bei der Suggestion arbeitet man ja mit anlagebedingten seelischen Gesetzmäßigkeiten, und man kann damit sehr viel Gutes erreichen. Man kann damit zwar Leistungsgrenzen weit hinausschieben, diese Grenzen aber nie völlig aufheben. Eine Stahltüre bleibt hart, auch wenn man sich ihre Weichheit mehrmals suggeriert; wer es nicht glaubt, kann es ja mit dem Kopf ausprobieren.

Auf alle Fälle sind Suggestionen (insbesondere Selbstsuggestionen) und Arbeitskreise hervorragende Mittel zur Steigerung von Fähigkeiten aller Art und zur Anhebung der Lebensqualität. Solange jeder Verkäufer, egal ob er Mausefallen oder Autos verkauft, die hohe Qualität seiner Ware suggerieren darf, solange jeder Politiker seine Lösung eines Problems als die einzige und (deshalb?) beste Lösung bezeichnen darf, solange darf es auch nicht schräg angesehen werden, wenn bei der Menschenführung, insbesondere bei der Erziehung und der Selbstführung, Suggestionen verwendet werden. Kein Mensch kann in seinem Leben völlig frei von Suggestionen bleiben. Also ist es wichtig den Umgang mit Suggestionen zu erlernen. Wie schon gesagt, sind Suggestionen grundsätzlich wertneutral, wir wollen aber uns nur mit positiven, aufbauenden Suggestionen abgeben.

Also los: „Ich will, ich kann, ich gebe niemals auf!"

Mit der Zeit wird diese Sprechweise immer mehr das Denken, Fühlen und Handeln prägen!

Und die Negativ-Denker, die Negativ-Schwätzer, diese Dauerstänkerer lasse man reden und höre ihnen nicht zu. Und wenn sie eine Schwätzpause einlegen, sage man zu ihnen: „Du hast recht!"

Ist das dann eine Lüge? – Keineswegs. Ein Stänkerer hat für sich selbst, für sein negatives Leben mit seiner Stänkerei recht. Aber natürlich nur für sein Leben. Er soll in seinem negativ ausgerichteten Leben mit seinen negativen Denkweisen, seinen negativen Redeweisen und seinen negativen Handlungsweisen bleiben, denn dort hat er recht. Seine negativen Suggestionen hindern ihn daran, Positives zu sehen oder gar zu tun. Jeder hat die Wahl: Positiv oder negativ. Der Stänkerer hat gewählt!

Ein positiv ausgerichteter Mensch bewahrt sich durch das ganz bewusste Nicht-Hören von Stänkereien seinen „Seelenfrieden". Damit hat auch er recht.

Wenn man allerdings Neujahrsgrüße verschickt mit den Wünschen „Gute Gesundheit und gute Selbstsuggestionen" riskiert man eine Vorladung bei einem Psychiater; und dabei hat dann der Psychiater auch recht.

Denn der Psychiater dachte wahrscheinlich an Paracelsus und seinem Grundsatz. Und Paracelsus hat ja schon Jahrhunderte lang recht.

Lerntechnik

Anbahnungen

Mit den nachfolgenden Überlegungen greifen wir zunächst auf Ausführungen im Kapitel „Aggression“ zurück.

Wie schon früher gezeigt, tragen wir eine Aktionskraft in uns, die uns zu verschiedenen Tätigkeiten drängt. Diese Kraft und ihre Auswirkungen werden natürlich auch bei Lernvorgängen aller Art eine entscheidende Rolle spielen. Wichtig ist es deshalb sehr genau darauf zu achten, auf welche Vorgänge oder Tätigkeiten wir diese Kraft hinlenken. Lerntechnik wird also in weitem Umfang die Technik der Lenkung dieser Aktionskraft sein.

Um ein besseres Verständnis dieser Lenkungsvorgänge zu bekommen, verwenden wir zunächst einmal ein Bild und sprechen von einer “Bahnung“. Das bedingt aber unweigerlich einige Überlegungen darüber, was ein derartiger bildhafter Vergleich leisten kann und was nicht.

Beim Wort „Bahnung“ kann man an die Räumung verschneiter Straßen im Winter denken. Oder noch besser geeignet für den Vergleich mit Lernvorgängen ist das Bild eines Baches, der zur Bewässerung von Äckern und Wiesen in seinem Verlauf immer wieder verändert wird. Je länger man an seinem Bachbett gräbt, um so stärker ist sein Verlauf fixiert. Will man eine Veränderung des Bachlaufs, muss man ein anderes Bachbett graben und eventuell durch einen kleinen Stau dem Wasser die neue Richtung aufzwingen.

Aber jeder bildhafte Vergleich hat auch seine Schwächen. Wenn das Wasser des Baches einen bestimmten und bisher üblichen Verlauf nie wieder einschlagen soll, kann man das bisherige Bachbett ohne allzu große Mühe auf Dauer verstopfen. Wie sieht es aber bei gelernten und längere Zeit praktizierten Verhaltensformen mit einer totalen Blockade dieses Verhaltens aus? Kann man etwas Gelerntes wieder total löschen? Diese Problematik liegt ja z.B. bei der Resozialisierung von Straftätern vor. Ganz ähnlich ist die Problematik bei verschiedenen Formen seelischen Fehlverhaltens ohne juristische Konsequenzen, die aber trotzdem sozial nicht toleriert werden können. Noch eine andere „Ebene“ mit ähnlicher Problematik liegt vor bei einem „falschen“ (d.h. unzweckmäßigen) Verhalten bezüglich der Ernährung und anderer Gesundheitsfragen. Kann man Gelerntes völlig „ausradieren“?

Es spricht einiges für eine Verneinung dieser Frage. Vor allem anderen sei daran erinnert, dass „Rückkehrer“ aus einem sogenannten „klinischen Todeszustand“ nicht selten davon sprechen, dass sie in diesem Zustand mit Erinnerungen aus ihrem früheren Leben konfrontiert worden waren, die auch unangenehme Szenen mit allen Einzelheiten wiedergegeben haben.

Dies weist darauf hin, dass es eben nicht gleichgültig ist, was man gesehen oder erlebt hat: Diese Bahnungen sind offenbar nie und nimmer völlig löschbar. Ob Handlungsweisen, die durch Erlebtes oder durch Gesehenes eingeleitet – besser ausgedrückt: „angebahnt“ – worden sind, überhaupt (und falls ja: in welchem Umfang und mit welchen Methoden) wenigstens blockiert werden können, ist eine heiß umstrittene Frage, die aber von großer sozialer Bedeutung ist.

Solche Erkenntnisse legen es nahe, den Begriff „Anbahnung“ ins Spiel zu bringen, ja sogar diesem Begriff ein sehr großes Gewicht zu verleihen. Anbahnungsvorgänge finden sehr häufig und dann oft unbemerkt und ungewollt statt.

Das soll an ein paar Beispielen erklärt werden. Denken wir einmal an einen zwei- bis dreijährigen Jungen und sein Verhalten im Straßenverkehr (Mädchen sind meistens vorsichtiger als Jungens). Die Rede ist hier von einem beobachteten Fall!

Der Junge wollte zwischen parkenden Autos hindurch die Straße überqueren und wurde noch rechtzeitig von seiner Mutter an der Kleidung erwischt und festgehalten. Zuvor hatte ihm seine Mutter die alleinige Überquerung der Straße verboten (wie sehr vieles andere auch!). Die Erziehung des Jungen basierte mehr auf Durchsetzung körperlicher Überlegenheit als auf Einsicht. Somit bekam er ein paar Klapse auf den Hintern statt einer kindgemäßen Erklärung der vorhandenen Gefahren. Damit ist der nächste Überquerungsversuch gegen den Willen der Eltern vorprogrammiert und „angebahnt“ durch die entstandene Aggression.

Man kann das allerdings noch falscher machen, indem man dem Kind mit einem Aufenthalt im Krankenhaus droht. Dieses einem Kind meistens fremde Gebilde „Krankenhaus“ wirkt wie eine unklare und unbekannte Bedrohung, die deshalb Angst erzeugt. Damit hat man zusätzlich eine angsterfüllte Abwehr jedes eventuell notwendigen Krankenhausaufenthalts angebahnt – und diese Abwehr wird sich auswirken, ganz sicher! Denn an den Krankenhausaufenthalt bei der Geburt erinnert sich ein Kleinkind natürlich nicht mehr. Und durch die erzeugte Angst strömt mehr Aktionskraft in diesen Prozess als nötig, denn Gefahrenabwehr ist – biologisch gesehen - sehr wichtig.

Noch eine Anmerkung zu dem Begriff „kindgemäß“ erscheint notwendig. Wer Kleinkinder beobachtet, sieht sehr deutlich, dass sie der Meinung sind, die übrige „Welt“ richte sich ganz und gar nach ihnen. Außerdem können Kinder ohne Anleitung nicht einsehen, dass Erwachsene zwar die Autos (PKWs) überragen, sie selbst aber zwischen den Autos völlig verschwinden und deshalb ihr Wunsch nach einer Überquerung der Straße für die Autofahrer nicht erkennbar ist.

Da die Kinder alle irgendwann dass „Versteckt-sein“ spielen, hilft das Wort „versteckt“ zu einem viel besseren Verständnis der Gefahren als jede andere noch so schön formulierte und sachlich richtige langatmige Erklärung; Kinder hören ja doch meistens nur „halb hin“. Dazu muss noch die Gefahr des Aufpralls auf das Auto „farbig“ beschrieben werden als ein kräftiger Schlag oder Stoß; auch das hat jedes Kind schon erlebt. Und die Folgen sind „Aua“-Schmerzen, die ebenfalls jedes Kind kennt. Kindgemäß heißt also: Kurz und drastisch, damit alles Notwendige gesagt ist, bevor das Kind wieder „weghört". So bahnt man verkehrsgerechtes Verhalten an, aber weitere „Bahnungen" des verkehrsgerechten Verhaltens sind dann natürlich immer noch notwendig!!

Noch ein paar weitere Beispiele von Anbahnungen in bunter Reihenfolge. Zuerst noch verschiedene „negative" Anbahnungen.

Eltern möchten durch ihr Beispiel erreichen, dass die Kinder das von ihnen vorgelebte soziale und ethische Verhalten nachahmen – sie haben es ja gesehen. Die Kinder sehen aber auch noch andere Verhaltensformen, oft stundenlang und fast jeden Tag: Sie sehen auf irgendwelchen Bildschirmen Videos und Sendungen mit Gewaltszenen und sonstigen Beispielen sozial „negativen" Verhaltens aller Art. Sie sehen das! Es ist doch absurd zu glauben, dass ausschließlich sozial positive Verhaltensbeispiele zu Anbahnungen des späteren Verhaltens führen können. Wenn zu den ersten Anbahnungen noch weitere Bahnungen sozial negativen Verhaltens kommen, werden entsprechende Handlungsweisen immer wahrscheinlicher. Nach solchen Taten aber reagiert die „Gesellschaft" sehr sauer: Man lässt die „Täter" durch vergitterte Fenster blicken. Dann heißt es: „Sozial negative Handlungsweisen tut man doch nicht!" Auch dann nicht, wenn man sie Tausende Male gesehen hat? – Moral und Verstand sind nicht selten „zwei paar Stiefel". Auch ein Amoklauf wird von „Null" an angebahnt!

Noch spitziger: Die Produzenten der Gewaltvideos verdienen ihr Geld mit ihrer Arbeit. Und die „Resozialisierer" der „Täter" verdienen ihr Geld mit ihrer Arbeit. – Na und?

Eine Anbahnung von gewalttätigem Verhalten in der Zeit der Jugend und später können Eltern auch durch falschen Stolz ganz schnell und meistens ungewollt zuwege bringen. Das soll an einem beobachteten Beispiel gezeigt werden.

Ein zweijähriger Junge hat mit beiden Fäusten seinem Vater auf die Brust geschlagen. Ob das noch rein spielerisch war oder auch ein Stück weit eine Reaktion auf die autoritäre Erziehung in der Familie, blieb unklar und muss offen gelassen werden. Entscheidend war nun die Reaktion des Vaters: Voller Freude genoss er die Kraftäußerungen seines Filius, da ja keine Wucht hinter den kleinen Fäusten war. Der Junge erlebte also, dass ein Einprügeln auf seinen Vater ein freudig akzeptiertes Verhalten ist. Der Vater hätte eigentlich durch eine sanfte, aber deutliche Abwehr dieses Verhaltens eine Blockade bauen müssen. Jetzt aber können durch weitere Bahnungen in dieser Richtung nach 15 bis 20 Jahren Verhaltensweisen zustande kommen, die dann mit Sicherheit keine Freude mehr bereiten werden. Dem Vater ist mit großer Wahrscheinlichkeit nicht bewusst geworden, was er angebahnt hat.

Eine weitere, ausgesprochen dumme Anbahnung unerwünschter Verhaltensformen bauen Eltern dadurch, dass sie ihre Kinder mit Unwahrheiten der Eltern konfrontieren oder gar ihre Kinder zum Lügen in manchen Situationen anleiten. Das Vertrauen der Familienmitglieder untereinander erleidet dadurch einen erheblichen Schaden, und außerdem wird dadurch auch das Geborgenheitsgefühl der Kinder stark geschädigt. Der Mangel an Geborgenheitsgefühl schadet aber der seelischen und körperlichen Gesundheit. Zusätzlich werden die Möglichkeiten zur suggestiven Selbstführung stark eingeschränkt, weil – bildlich gesprochen – die Seele sich immer überlegen muss, was nun am Gerede des Mundes wahr ist. Zu diesem Problem ist aber noch mehr im Kapitel über Suggestionen zu lesen.

Auch in Bezug auf unsere Ernährung kann man ganz schnell ein ungesundes Verhalten anbahnen. Da gibt es ja de sogenannte „Fast-Food“. Der Name kommt aber nicht daher, weil sie „fast“ nichts kostet, sondern weil man sie im Ruck-zuck-tempo essen kann (englisch „fast“gleich „schnell“). Das geht aber nur, wennn man diese Nahrung im Ruck-zuck-tempo schlucken kann. Die hohe Schluckgeschwindigkeit setzt jedoch voraus, dass die Nahrung weich und feucht ist. Da bei der hohen Schluckgeschwindigkeit die Nahrung kaum im Mund bleibt, kann der Geschmacksinn und der Geruchsinn diese Nahrung kaum registrieren. Deshalb muss man mit Chemikalien (und mit Gewürzen) den Geruch verstärken. Und an diesen Chemikalien wird nicht gespart. So viel zu den Tatsachen.

Und jetzt einige Sätze zu den Auswirkungen: Erstens etwas über das Sättigungsgefühl. Man glaubt im allgemeinen, dass man satt ist, wenn der Magen gefüllt ist. Aber Sattwerden ist kein so einfacher Vorgang. Dabei spielt das Kauen eine ganz wichtige Rolle. Man sollte einmal den Versuch machen und ohne Getränke ein sehr trocken gewordenes Milchbrötchen essen. Dies erfordert eine immense Kauarbeit mit viel Speichelfluss. Aber man ist durch dieses eine Milchbrötchen fast satt. Das hört sich so unglaublich an, dass man es einfach ausprobieren muss. Die Menge des Mageninhalts ist also nur ein untergeordneter Faktor beim Sattheitsgefühl.

Außerdem haben die Forscher noch etwas sehr Eigenartiges entdeckt: Wenn der Magen „randvoll“ gefüllt ist, wird dieser Zustand dem Gehirn erst mit Verzögerung gemeldet. Bis zum Eintreffen dieser Mitteilung im Gehirn hat jedoch der „Hungrige“ noch mehr geschluckt, und der Magen wird überdehnt, was er allerdings ohne Dauerschaden überstehen kann. „Satt-sein mit Fastfood“ bedeutet immer auch „Magen übervoll“. Es kann aus biologischen Gründen gar nicht anders sein. Und gleichzeitig bedeutet das auch immer: Die notwendige Kalorienzahl ist weit überschritten!

Zweitens ist noch etwas über die zugesetzten Chemikalien zu sagen: Wie man in den letzten Jahren entdeckt hat, wirken manche dieser Stoffe in unserem Körper wie Hormone. Genauer gesagt: Wie weibliche Geschlechtshormone. Damit ist schon fast alles über die Auswirkungen dieser Stoffe auf die körperliche Entwicklung von Jungen und über die Auswirkungen auf die Potenz von Männern gesagt. Deshalb der Name des Ergebnisses:

Dystrophia adiposogenitalis. Da die Fettzellen in der Bauchregion ebenfalls weibliche Geschlechtshormone produzieren, ist ein sehr unguter Teufelskreis angebahnt worden.

Im Umgang mit unserer Umwelt, insbesondere in unseren sozialen Beziehungen, schaffen wir fortlaufend Anbahnungen, wobei wir uns aber meistens dessen gar nicht bewusst werden, wenn wir möglicherweise einen (kleinen oder großen) „Stein ins Rollen gebracht" haben. Dazu nur ein paar wenige Beispiele zur Sensibilisierung unserer Aufmerksamkeit.

Einer Frau mit gesundheitlichen Problemen hat der Verfasser in verschiedenen Situationen geholfen, auch mit Transporten zu den Ärzten und zu einer Kur. Dies führte aber nicht zu stärkerer Selbständigkeit im Alltag, sondern zu einer wachsenden Erwartungshaltung bezüglich fortlaufender weiterer Hilfeleistungen.

Das wurde eines Tages in folgenden Worten ausgedrückt (Zitat!): „Ich möchte wissen, was ich alles bekommen kann." Gemeint waren Hilfen von Privat, von den Ärzten, von der Krankenkasse und anderen sozialen Einrichtungen. Da war ein großer „Stein" ins Rollen gekommen, und es ist sehr schwierig einem derartigen „Felsen" auszuweichen ohne „aus allen Rollen zu fallen", wie man im Volksmund recht treffend sagt.

Dieses Beispiel kann noch etwas weiteres aufzeigen: Die vorhergehenden Beispiele von Anbahnungen waren meistens „klassische" Anbahnungen mit einem einzigen Ereignis, das die Anbahnung bewirkte. Es ist aber natürlich auch möglich, dass eine Anbahnung durch mehrere Ereignisse und über einen längeren Zeitraum aufgebaut wird. Dann liegt ein fließender Übergang zu den „Bahnungen" vor, und beide (!) „Partner" der Anbahnung befinden sich dann schon in einem Lernvorgang. Denn ein Lernvorgang besteht – nicht nur, aber hauptsächlich – aus einer Anbahnung plus weiteren Bahnungen. Dazu später mehr.

Noch ein Beispiel soll hier erwähnt werden, das uns den

Übergang von den bisherigen meist negativ geprägten Anbahnungen zu den positiven Anbahnungen ermöglicht, weil es in gewisser Weise auf der Grenze zwischen diesen beiden Bereichen liegt. Wenn man zu einer Familie mit Kindern eingeladen wird, ist es eigentlich selbstverständlich, dass man diesen Kindern auf irgendeine Weise Signale der Akzeptanz gibt. Dabei sollten aber Worte und Gesten die Hauptrolle spielen, Geschenke sollten klein bleiben. Denn es ist ganz normal, dass Kinder eine stetig wachsende Erwartungshaltung haben. Bei größeren Anfangsgeschenken wird man sonst sehr schnell zur reinen Geschenkquelle „degradiert" und die sozialen Komponenten dieser Beziehungen bleiben weitgehend „außen vor", wie man treffend sagt.

Wir sprechen jetzt also über positive Anbahnungen. Und die „dankbarste" – das ist allerdings nicht immer wörtlich zu nehmen! – Empfangsstation für positive Anbahnungen sind natürlich Kinder. Nehmen wir einmal an, dass wir Kindern ein echtes wissenschaftliches Interesse an der Tierwelt anbahnen wollten. Welche Tiere könnte man auswählen?

Solange man nur auf Gefühle baut, kann man kleinere Säugetiere auswählen. Wegen ihrer Haare sind sie zum „Liebhaben" geeignet. Ihre Pflege verlangt jedoch Sorgfalt und Ausdauer. Außerdem könnten sie eventuell Krankheiten auf den Menschen übertragen, die gefährlich sind. Für das Verständnis biologischer Probleme bringen sie meistens wenig.

Wenn man die Probleme der Tierpflege in der Schule - und meistens dürfte dies der einzige praktikable Pflegeort sein – auf vernünftige Art und Weise angeht, dann bieten sich z. B. diejenigen Schmetterlingsarten an, die Brennesseln als Futter für ihre Raupen brauchen. Diese Pflanzen sind ein sehr häufiges Unkraut. Und die zugehörigen Schmetterlingsarten sind u.a. Pfauenauge und kleiner Fuchs. Ein Pflegekasten ist aus Karton oder aus Holz leicht zu basteln. Man sollte ihn unbedingt selbst basteln und nicht „aus dem Internet herunterladen", d.h. kaufen. Dieser Vorgang ist pädagogisch wertvoll. Die Eier für die Zucht könnte man über Fachleute des Naturschutzes oder der entemologischen Gesellschaft aus Gegenden erhalten, in denen diese Schmetterlinge noch sehr zahlreich sind. Das würde außerdem dazu führen, dass weite Gebiete, die trotz massenhaftem Vorkommen der Brennessel fast leer von diesen Schmetterlingen geworden sind, wieder starke Populationen bekommen. Und die Frühjahrsgeneration dieser Schmetterlinge ist zur Zeit der großen Ferien ausgeschlüpft und ausgeflogen. Was will man mehr? Übertragbare Krankheiten: Null!

Dazu könnte man noch eine ebenfalls pflegemäßig völlig unproblematisch zu haltende Population der Feldheuschrecke im Hause haben. Sie fressen Gras und vieles andere Grünzeug, und in den Ferien werden sie in die Natur „recycelt", wo es sie noch reichlich gibt als Futter für Vögel und anderes Getier. Übertragbare Krankheiten: Ebenfalls Null.

Weshalb diese Tierarten? Die Schmetterlinge haben eine sogenannte „vollkommene Verwandlung": Sie leben nach dem Schlüpfen aus dem Ei als Raupe, und das ist ein langgestreckter „Wurm", dessen Aufgabe lediglich das Fressen ist, um Baustoffe für den späteren Schmetterling anzuhäufen. Dann folgt das „Puppenstadium" bei dem schon innere Umbauten stattgefunden haben und noch weitere Umbauten folgen. Und schließlich schlüpft aus der „Puppe" der Schmetterling, dessen Flügel aber noch eng zusammengefaltet sind, denn sonst hätten sie ja nicht in die „Puppe" gepasst. Diese Flügel werden mit Luft und Körperflüssigkeit vollgepumpt und dadurch ausgebreitet. Erst nach ihrem Austrocknen sind die Tiere flugfähig. Eine bestaunenswerte mehrmalige totale Umwandlung des Körperbaus, und niemand weiß ganz genau, wie das alles funktioniert. Das Problem der Formgebung ist ja bei Pflanzen und Tieren fast völlig unerforscht. Man bezeichnet diese Entwicklung als „vollkommene Verwandlung".

Und die Heuschrecken? Aus dem Ei schlüpft bei ihnen eine winzig kleine Heuschrecke, die allerdings ein Problem hat: Sie muss ja noch wachsen, aber der umgebende Chitinpanzer ist hart und steif. Und dann geschieht etwas ähnlich Unglaubliches wie bei den Schmetterlingen: Durch körpereigene Stoffe löst sich der Innenkörper vom Chitinpanzer und das Tier schlüpft aus diesem Panzer heraus, vergrößert sich und bildet einen neuen Chitinpanzer. Das hört sich einfach an. Aber man muss sich klarmachen, dass die gesamten Körperformen – Leib, Fühler, Beine, Krallen – aus der alten Chitinhülle herausgezogen werden, sich dann ausdehnen und abtrocknen. Erst dann funktionieren alle Gelenke wieder. Die Biologen heißen das eine „unvollkommene Verwandlung".

Diese Tiere sind also relativ einfach zu pflegen. Außerdem ist das „Pfauenauge" hübsch und populär. Die Entwicklung dieser Tiere kann auch dumme Leute zum Staunen bringen, und an Beispielen aus der Insektenwelt lassen sich viele ökologische Probleme erklären, auch die Probleme der Nahrungsproduktion für die Menschen und der gleichzeitigen Erhaltung der Natur. Man denke nur an die Wanderheuschrecken in Afrika.

Die Insekten sind also geradezu Idealtiere für die Anbahnung eines sehr starken Interesses an der Biologie und an vielen ihrer wissenschaftlichen Problemen. Hier gibt es einen echten „Nachholbedarf", wie das die Politiker blumig ausdrücken würden.

Im Bereich der Naturwissenschaften gibt es noch viele weitere Möglichkeiten, ein Interesse bei Kindern anzubahnen. Zieht man einen sauberen Wollpullover aus und fährt dabei über frisch gewaschenes Haar, so stehen ganz wörtlich die Haare zu Berge. Man kann diesen Vorgang in ein dunkles Zimmer verlegen und sieht dann kleine Blitze. Mit statischer (!) elektrischer Aufladung lassen sich viele gefahrlose Versuche machen. Von Leitungselektrizität mit mehr als 10 Volt lässt man am besten die Finger, weil schnell gefährliche Situationen entstehen können. Zum „Abgewöhnen" von Leitungselektrizität kann man höchstens einmal einen Weidezaun prüfen. Aber bitte nur mit Grashalm, sonst übt man

Seilhüpfen ohne Seil, und für Kinder kann das schon zu Grenzsituationen führen. Dabei ist es eine interessante Frage, warum der Grashalm die Elektrizität sowohl leitet als auch behindert, und zwar je nach Länge verschieden stark. Und schon ist ein Interesse an den Naturgesetzen angebahnt.

Aus dem Bereich der Physik kann man im Alltag immer wieder Erfahrungen sammeln, die zu Fragen nach den Gründen (Naturgesetzen) führen. Ein ca. 14-jähriger Junge saß auf einer Plastikinsel in einem Schwimmbecken und wollte sich nach rechts drehen. Er schwenkte deshalb seine beiden Arme nach rechts – und der Körper drehte sich nach links, wie es den Naturgesetzen entsprach. Auch weit mehr als 10 Versuche konnten ihn nicht davon überzeugen, dass er auf einem Holzweg war. Eigensinn gegen Naturgesetze – wer gewinnt wohl das Rennen? Die dauernden Misserfolge müssten ja eigentlich zu Fragen nach den Gründen führen. Das wäre eine solide Anbahnung für ein naturwissenschaftliches Interesse.

Eine Vogelfeder fällt langsamer zu Boden als ein Löffel. Warum dies, und warum fallen sie überhaupt zu Boden? Leben die Menschen in Australien nicht mit dem Kopf nach unten? Sie behaupten jedenfalls das Gegenteil.

Die Gravitationskraft ist völlig unsichtbar, und magnetische Kräfte sind es auch. Aber ihre Auswirkungen sind auch im Alltag zu finden und man kann damit ein naturwissenschaftliches Interesse bei Kindern anbahnen.

Außerdem kann die Unsichtbarkeit der Gravitationskraft und des Magnetismus einen Einstieg in philosophische und religiöse Fragen anbahnen – bei passendem Alter natürlich.

Anbahnung allüberall. Nur noch ein paar wenige Hinweise in diesem Zusammenhang. Insbesondere bezüglich des Sozialverhaltens müssen klare Anbahnungen gesetzt werden, die aber unbedingt durch weitere Bahnungen (Lernvorgänge) gefestigt werden müssen. Besonders hervorgehoben werden müssen Hilfeleistungen der verschiedensten Art. Jeder braucht irgendwann einmal die Hilfe anderer. Daher muss der absolute Grundsatz der Bereitschaft zur Hilfeleistung angebahnt und eingeübt werden. Genau so wichtig ist aber dabei auch die Anbahnung und Einübung der Grundhaltung, dass Hilfe – wenn immer möglich – ausschließlich Hilfe zur Selbsthilfe sein sollte. „Draufsteher“ hat niemand gern.

Und all dies vor dem Hintergrund, dass in einem Menschenleben das letztlich entscheidende „Moment“ nicht die Umstände sind, in denen jemand zu leben hat, sondern dass entscheidend ist, wie jemand auf diese Umstände „antwortet“.

Das ist die seelische Haltung durch welche die Menschen in der Kriegs- und Nachkriegszeit ihre Schwierigkeiten überwunden haben. Das ist die seelische Haltung, in der heute Schwierigkeiten überwunden werden können, gleichgültig ob sie gesundheitlicher Art, finanzieller Art oder irgendeiner anderen Art sind.

Diese seelische Haltung muss bei Kindern und Erwachsenen angebahnt und eingeübt werden, von selbst kommt sie nicht. Damit kann man gegen die Auswirkungen von Hartz IV, von Krankheit, von Behinderung, von Rezession, von Bosheit der Mitmenschen usw. angehen. Die Einübung dieser seelischen Haltung ist kein reines Zuckerschlecken, aber das Ziel ist es wert; denn das Ziel ist ein positives Leben im Haben, Geben und Nehmen. Ein positives, ein „erfülltes Leben“, wie es ein Rollstuhlfahrer (!) in einem Interview formuliert hat. Man muss diesen Weg aber gehen wollen; nur wollen, aber wirklich wollen!

Oder will man das Gegenteil verwirklichen? Man hat die Wahl!

Eine Reporterin schrieb über eine Hartz IV-Familie: „Sie haben Zeit, miteinander zu reden, aber sie tun es nicht. Sie haben Zeit, miteinander zu spielen, aber sie tun es nicht. Und Reden kostet keinen Cent.“ Jedes muss sich entscheiden, wie er /sie mit den Umständen seines / ihres Lebens umgeht, welche Antwort man auf die Lebensumstände geben will.

Und diese seelische Haltung kann man auch bei Kindern anbahnen und einüben. Sie entdecken schneller als Erwachsene, was in einer unguten Situation noch an positiven Inhalten zu finden ist.

Wichtig ist, nie zu vergessen: Kinder erhalten die Anbahnung und Einübung des sozialen Verhaltens – natürlich – im wesentlichen durch Vorbilder. Das ist eine − manchmal unangenehme – Wahrheit.

Auch die Freude an Fremdsprachen lässt sich bei Kindern leicht anbahnen. Ideal wäre natürlich ein fremdsprachiger Spielkamerad. Jedenfalls müssen die Kinder irgendwann erleben, dass eine Fremdsprache „angewendet" wird. In letzter Zeit entstehen immer mehr Kleinkindergruppen, in denen einfach spielerisch eine Fremdsprache angewendet wird. Das Spielerische ist dabei absolut entscheidend. Sobald irgendwelche Formen von Prüfungen oder auch nur Vergleiche untereinander oder gar Benotungen eingeführt werden, entstehen zwangsläufig Zurücksetzungen einzelner Kinder, und dadurch können Abneigungen gegen diese Fremdsprache angebahnt werden. Diese Abneigungen können durch weitere negative Erfahrungen verstärkt werden und durch zusätzliche negative Bahnungen kann es zu völliger „innerer" Ablehnung dieser Sprache kommen, was alle späteren Lernversuche stark behindern würde.

Kinder können durch ihren Nachahmungstrieb sehr leicht – auch ohne spezielle Begabungen – Fremdsprachen lernen. Es gibt Beispiele, wo in einer Familie die Eltern aus verschiedenen Sprachbereichen kommen. Wenn dann diese Familie im Bereich einer dritten Sprache lebt, werden die Kinder mit 3 Sprachen von klein auf konfrontiert und „verarbeiten" dies auch.

Drei Sprachen zu beherrschen schafft ein gutes Selbstwertgefühl. Und Eltern haben es in weitem Umfang in der Hand auszuwählen womit ein Kind in seinen ersten sechs Jahren sein Selbstwertgefühl aufbaut. Bisher war es jahrzehntelang üblich durch Geld oder durch geldabhängige Dinge (z. B. Spielzeuge, Reisen)gegenüber anderen zu protzen. Dies wird sich in den nächsten zehn Jahren durch die wirtschaftliche Entwicklung total ändern, zumindest für einen großen Teil der Bevölkerung. Schon deshalb sollte man ein Umdenken anbahnen und nicht vom Geld abhängige Grundlagen für ein solides Selbstwertgefühl suchen.

Heute ist unter den Jugendlichen der Alkoholkonsum „in". Daneben spielen auch noch andere Nervengifte eine Rolle. Vor Jahren waren andere Dinge „in". Es gab Zeiten, das war der „Boogie-Woogie" (eine Tanzform) in Mode – was übrigens sportliche Höchstleistungen erforderte. Alles Mögliche war schon einmal „in", womit die Jugend ihr Selbstwertgefühl aufgebaut hat. Die Gesellschaft in ihrer Gesamtheit kann deshalb auch erreichen, dass Wissen und Können „in" ist. Zehntausende (oder noch mehr?) Ingenieure und Techniker fehlen unserer Wirtschaft heute schon. Wir in Deutschland sind ein Exportland, aber „Heuschrecken" wollen uns fressen. Wann bahnt man an, dass Wissen und Können bei unserer Jugend „in" wird? Das kann man anbahnen! Man muss nur wollen, dann findet man auch Wege und Mittel dazu.

Anbahnen und weiterführen; von unten nach oben. Ein Beispiel: Der Verfasser hat in seiner Bekanntschaft in zwei verschiedenen Familien zwei ehemalige Hauptschüler, in deren Leben er als „Zusatz-Vater" wirkte. Der eine war nach einer Ausbildung Leiter eines Verkaufshauses für elektrische Geräte, der andere hat vor kurzer Zeit ein Diplom an der TH Karlsruhe erworben. Sie haben richtig gelesen: Von der Hauptschule zum Diplom!! Die Jungs haben ihr „Wollen" eingesetzt, und beim Verfasser haben sie das Nicht-Aufgeben, das „Sich-durchbeißen" abgeguckt, was der eine Junge auch wörtlich gesagt hat. Damit wurde ihr Wollen angebahnt und aufgebaut, und viel mehr konnten sie vom Verfasser mangels Kontakten gar nicht bekommen. Aber ohne Anbahnung - also „von selbst" – läuft gar nichts!

Man muss alles nur anbahnen: Wissen und Können kann

genau so „in“ sein wie es schon viele andere Dinge waren. „In“ könnte sein: Wer beherrscht wie viele und welche Fremdsprachen? Wer weiß sehr gut in Physik Bescheid, wer in der Chemie, wer in der Mathematik usw.? Wer kann welches Musikinstrument spielen? Wer kann Schach spielen? Hat man für solche Entwicklungen keine „Entwicklungshilfegelder“? Hat man denn wirklich nur Geld für marode Banken?

Noch viele weitere gute „Dinge“ im Leben kann man anbahnen, eventuell auch noch weiterführen. Phantasie und Wollen ist gefragt. So kann man auch in früher Kindheit ein sachliches Verhältnis zum eigenen Körper und zum Körper anderer Mitmenschen anbahnen. Das würde aus dem Umgang mit den Fragen der Ernährung, des Sports, der Körperpflege und der Sexualität viel „Dampf“ herausnehmen. Außerdem ist dieses sachliche Verhältnis zum Körper Voraussetzung für pflegerische Berufe aller Art und für Heilberufe, und es ist offensichtlich, dass in diesen Berufen immer mehr Arbeitskräfte gebraucht werden.

Die richtige Anbahnung ist – wie gezeigt wurde – sehr wichtig. Wichtig sind aber auch die weiterführenden Bahnungen, und damit sind wir bei den sonstigen Fragen zur Lerntechnik und wollen uns diesen Fragen jetzt zuwenden.

Lernvorgänge

Wie schon erwähnt, hat der Verfasser Biologie studiert. Für die Prüfung am Abschluss seines Studiums musste der Verfasser den Inhalt mehrerer Lehrbücher auswendig lernen. Diese Lehrbücher waren jeweils mehrere hundert Seiten dick, wobei auf diesen DIN A 4 –Seiten oft Texte in Kleindruck waren, um Platz zu sparen. Der Verfasser erinnert sich immer noch sehr gut daran, wie er in einem Lehrbuch über Pflanzenphysiologie auf ein Kapitel gestoßen ist, das ca. 180 Seiten stark war. Der Inhalt des Kapitels war ein klassischer Prüfungsstoff, also sehr wichtig.

Der Lernstoff war ihm zum größten Teil noch unbekannt. Und er wirkte auf ihn wie eine hohe dunkle Mauer. Aber diese Mauer musste weg, egal wie. Und dieser Lernstoff musste im Gedächtnis fest verankert und jederzeit abrufbar werden. Daran führte kein Weg vorbei.

Und dann ging der Verfasser folgendermaßen vor:

Zunächst blätterte er die Seiten einfach durch, um sich einen Eindruck zu verschaffen. Dieser Eindruck war aber wirklich nicht erhebend.

Danach suchte er nach Einzelheiten im Lernstoff, die mit schon bekannten Lernstoffen zusammenhingen. Insbesondere suchte er nach Lernstoffen, die ihm in einem anderen Zusammenhang interessant erschienen waren, die ihm also irgendwie Freude bereitet hatten. Das waren naturgemäß nur wenige Lerninhalte.

Und dann kam das Entscheidende:

Er sagte sich – und das öfters und über mehrere Tage hinweg: „Dieser Lernstoff hat offenbar auch interessante Stellen, die schon jetzt und im voraus Freude machen. Dann werden sich bestimmt beim Lernen noch mehr solcher interessanter Lerninhalte finden lassen, so dass dieser unbekannte, fremde, ja sogar geradezu drohende Lernstoff an etlichen Stellen interessant sein wird.“ So ungefähr jedenfalls.

Der Erfolg hat ihm recht gegeben: Beim Vergleich mit seinen Kommilitonen zeigte es sich, dass er den Lernstoff besser und genauer als die anderen Prüfungskandidaten behalten konnte.
Drei Dinge sind bei diesem Vorgang von großer Wichtigkeit:
Bei allen diesen Handlungen gab es nirgendwo und nirgendwie eine Übertreibung oder gar eine Unwahrhaftigkeit. Es ist relativ sicher, dass dann solche Verfahren erheblich schlechter (oder vielleicht gar nicht?) funktionieren. Unsere Seele, unser ganzes Sein ist weitgehend (oder ganz?) auf Wahrhaftigkeit hin angelegt. Wir sind eine Einheit aus Geist, Seele und Leib, und in dieser Einheit kann nicht der eine Teil einen anderen belügen. Man möge einmal versuchen, sich einen biologischen Organismus vorzustellen, in dem sich die Teile des Organismus gegenseitig täuschen und austricksen. Ein solcher Organismus könnte niemals leben oder gar sich in einer feindlichen Umwelt behaupten.
Dieser Vorgang ist natürlich ein Stück weit Selbstsuggestion. Und warum nicht? Sie hilft, sie baut auf, sie lenkt dabei unsere Aktionskraft in die richtige Richtung, nämlich dabei auf den Lernstoff. Der Mensch, nach Prof. Walter Bauer in Feiburg ein Sozialwesen, spricht dabei nicht zu anderen, sondern zu sich selbst. Der Sprechende und der Empfänger der Rede ist dieselbe Person, dieselbe Seele. Und hier wird es noch deutlicher: Eine Seele kann sich nicht selbst belügen, es sei denn, dass eine maßlose geistige Verwirrung durch Geisteskrankheit oder durch Drogen vorliegt.
Grundsätzlich ist zu sagen: Was kann man denn überhaupt gegen aufbauende Denkweisen oder gegen suggestiv aufbauende Redeweisen sagen, solange es normal ist, dass Politiker unangenehme Wahrheiten suggestiv „kleinreden", dass uns der Handel alles Mögliche und Unmögliche suggestiv aufschwatzen darf, was wir „unbedingt" zum Leben brauchen?
Es wäre also sachlich richtig und gut, wenn man die scheinheilige Ablehnung von „Einrede" (Suggestionen) beendigen würde und eine Technik der aufbauenden Denk- und Redensweisen entwik-

keln würde. Wer viel Lernstoff „inhalieren" muss, kommt ja gar nicht darum herum, in sich selbst Freude an diesem Lernstoff aufzubauen. Man sollte nie vergessen, warum und wie Placebos wirken: Durch die „rundherum" positive Einstellung des Erkrankten und durch den weißen Mantel des Arztes, der Vertrauen suggeriert. Ganz parallel hierzu kann ein Lernstoff nur dann schnell und gründlich „verinnerlicht" werden, wenn man ihm – ohne Abstriche! – positiv gegenübertritt.

Wir sind mit einem Beispiel aus der Praxis in die Probleme der Lerntechnik eingestiegen. Es wird nun höchste Zeit, sich auch mit der Theorie zu befassen.

Ganz entscheidend wichtig ist die jeweilige Motivation des Lernens. Im Falle der beschriebenen Prüfung stand natürlich der Prüfungsdruck im Vordergrund. Dieser Druck wurde verstärkt durch die drängende Notwendigkeit im Rahmen eines Berufes bald Geld zu verdienen. Im Hintergrund war aber auch noch eine gewisse Freude an der Biologie sowie an dem voraussichtlichen Umgang mit jungen Menschen im Lehrberuf. Diese Freude hat – wie erst im Rückblick deutlich wurde – erheblich dazu beigetragen, sich verschiedene Lerntechniken zu überlegen und auszuprobieren. Dass es ohne eine ausgeprägte Lernfreude nicht geht, hat der Verfasser schon im Anfang seines Studentenlebens bei einem Jungen aus seiner Bekanntschaft erlebt. Doch davon später mehr.

Wir haben bis jetzt die Motivationen Lernfreude, Druck und Zwang kennen gelernt. Druck und Zwang sind nicht genau dasselbe, und die Lernfreude ist auch nicht der genaue Gegenpol zu Druck und Zwang. Aber diese Unterschiede zu diskutieren bringt sehr wenig für die Lernpraxis und soll deshalb hier unterbleiben.

Zu den Motivationen Druck und Zwang sind allerdings noch einige wichtige Anmerkungen zu machen.

Grundsätzlich ist ganz entscheidend wichtig, dass man den Grundsatz des Paracelsus nicht vergisst: Die Dosis entscheidet darüber ob etwas gute oder schädliche Wirkungen ausübt. Wenn bei Lernvorgängen zu viel Druck oder Zwang zu finden ist, besteht die Gefahr, dass die Aktionskraft in den „Kanal“ der Abwehr einströmt. Wenn aber irgendwelche (!) Formen der Abwehr entstanden sind, wird der Lernerfolg zwangsweise sehr klein ausfallen.

Wenn man unter einem Druck oder Zwang massiv leidet, muss man unbedingt Auswege suchen und finden, damit die Belastung nicht zu groß wird. Wenn es denn sein muss, können auch kurzzeitig kübelweise Selbstsuggestionen angewendet werden. Das ist letztlich Privatsache. Der Erfolg zählt allein! Aber ohne Stress keine Erfolge!

Und die Finger weg von Psychopharmaka! Nur wenn Herz und Darm maßlos (!) rebellieren, kann man einen Tag lang diese „Feuerwehr“ benutzen. Dann ist aber Schluss damit! Absolut!

Ganz übel wirkt es sich aus, wenn man Menschen einen Druck oder Zwang einfach überstülpt, ohne sie durch vorbereitende Maßnahmen zu einer persönlichen Bejahung der auf sie zukommenden Belastungen zu führen. Damit erreicht man mit großer Wahrscheinlichkeit eine Abwehrhaltung in diesen Menschen. In diese Abwehrhaltung kann die Aktionskraft einströmen; sie wird es auch tun, denn sie sucht ja dauernd nach Möglichkeiten der Abreaktion. Durch diese Abwehrhaltung werden dann alle Aktivitäten behindert, insbesondere natürlich auch alle Lernvorgänge.

Wenn man z. B. durch einen reinen Verwaltungsakt die Abiturprüfung schon nach 12 Jahren statt wie bisher nach 13 Jahren durchführen will ohne die betroffenen Schüler durch verschiedene Maßnahmen zu einer Bejahung dieses Vorganges zu führen, und wenn man dazu noch keinerlei lerntechnische Anleitungen gibt, dann sind wegen der Anhäufung des Lernstoffs zwangsweise starke Belastungen zu erwarten. Da für diese Belastungen keine Bejahung aufgebaut worden ist, entsteht – ganz natürlich und zwangsweise – eine Abwehrhaltung gegenüber der ganzen Sache, in welche natürlich die Aktionskraft einströmt. Dadurch wird die Abwehrhaltung verstärkt, was wiederum die Belastung verstärkt. Damit haben wir den klassischen Teufelskreis.

Die Lernergebnisse werden dadurch zwangsweise immer schlechter, die Belastungen werden laufend größer. Diese Schüler sind nicht dümmer als frühere Schüler oder als die Schüler in anderen Ländern, sie sind lediglich Demonstrationsobjekte dafür, was man alles durch Nichtbeachtung von biologischen und psychologischen Gesetzmäßigkeiten kaputt machen kann. Es gibt eben Verwaltungs-Menschen, die ganz böse werden, wenn sich die – belebte oder unbelebte – Natur nicht nach ihren Vorstellungen richtet. Aber sie wird es nie tun!

Zurück zu den Lernmotivationen, von denen es natürlich noch mehr gibt. Sie sollen hier nur ohne einen Ausspruch auf Vollzähligkeit erwähnt werden; sie können nicht alle im Rahmen dieses Buches besprochen werden. Auf einzelne wird jedoch näher eingegangen.

Also los: Freude an einer Sache; allgemeine Freude am Wissen oder Können; Freude an der lehrenden Person; Freude am Sport (z.B. Schwimmen, Einrad); allgemeines Interesse an allem; Suchen oder Sucht nach Anerkennung; Belohnungen; späterer Reichtum; Wissen ist Macht; Herrschsucht; Vorbilder; Tradition; Selbstwertgefühl, Freude an Fremdsprachen (sie sind keine „Sachen“); Freude an der Musik(!!); Interesse am Wohl Dritter (soziale Tätigkeiten); Ehrgeiz (mehr können, mehr wissen als andere); Stolz; Freude an der bildenden Kunst; Freude an der Wissenschaft (allgemein oder spezielle Teile); psychischer Druck.

Zweckmäßig und im Alltag üblich sind auch Kombinationen von Lernmotivationen. Die Lernerfolge werden dadurch erheblich vergrößert – meistens!

Es gibt also Motivationen in Hülle und Fülle, exotische und naheliegende. Wir wollen vor allem auf die Eigenschaften „praktikabel“ und „sozial unschädlich“ achten. Unter diesen Aspekten springt uns vor allem ein Wort in die Augen, das in obiger Aufzählung öfters vorgekommen ist: Das Wort „Freude“.

Es ist sehr gut, wenn man Freude an einem Lernvorgang (z.B. Tätigkeiten) oder an einem Lernstoff hat (Sprachen usw.). Dann also schnellstens und ganz intensiv loslegen. Und der Erfolg – gleichgültig wie groß – ist ebenfalls eine stark wirkende Motivation. Einen Erfolg hat man aber erst nach der Arbeit! Kinder vergessen dies gern.

Was aber macht man, wenn man einmal gerade keine Freude – „Lust“ sagt man fälschlicherweise meistens – hat, jedoch trotzdem lernen möchte? Falls man etwas von Selbstsuggestion gehört hat, kann man sich zehn Mal oder zwanzig Mal oder noch öfter den Satz vorsagen: „Ich habe jetzt Freude an diesem Lernstoff.“ Und wenn man dann nachschaut, ob die Freude da ist, findet man ziemlich sicher – keine Freude. Warum ist das schiefgelaufen?

Zwei Gründe sind schuld daran. Erstens: Die Aussage „ich habe jetzt ...“ ist eine Lüge, weil man am Anfang ja noch keine Freude hat. Das weiß auch unser Unterbewusstsein und ignoriert deshalb diese Aussage. Wenn schon Selbstsuggestion, dann mit der Aussage: „Ich bekomme Freude...“ Das wird dann schon irgendwann wahr werden. Das Unterbewusstsein akzeptiert deshalb auch diese Aussage.

Zweitens: Es gibt sehr wahrscheinlich Gründe für das Fehlen der Freude. Diese Gründe können in einer Person oder einem Erlebnis liegen, die in einem Zusammenhang mit dem Lernstoff stehen. Man muss sich über diese möglichen Gründe Gedanken machen, dann werden diese Gründe durch die Selbstheilungskräfte des Unterbewusstseins aufgezeigt. Ohne Psychiater. Schon allein das Erkennen der möglichen Gründe reicht offenbar aus für die Einleitung der Selbstheilung, wie Erfahrungen zeigen. Man kann das einen Rumpelstilzchen-Effekt nennen.

Damit die Gedanken bei der Suche nach Gründen leichter strömen, sorgt man für angenehme Umstände während dieser Überlegungen. Wählt man dazu einen Kaffee und Kuchen, hat man – ganz wörtlich – schon im voraus einen angenehmen Geschmack im Zusammenhang mit dem zu bewältigenden Lernstoff. Oder man wählt den Anblick einer schönen Landschaft usw. Es muss eben angenehm sein. Wer will, kann in diesem Handeln Selbstsuggestion finden, aber der Erfolg zählt.

Diese Ausführungen über die Selbstheilungskräfte unserer Seele sind keine Phantastereien, sondern stammen aus der Praxis. Der Verfasser hatte in den Anfängen seines Berufslebens als Lehrer plötzlich eine heisere Stimme bekommen, die länger als eine Woche den üblichen Heilungsmaßnahmen trotzte und einfach nicht verschwinden wollte. Da der Verfasser einiges über das Gebiet der Psychosomatik wusste, überlegte er sich, was wohl hinter dieser Heiserkeit stecken könnte, und fand als mögliche Ursache das angespannte Verhältnis zu einer problematischen Klasse. Nach einer gedanklichen und gefühlsmäßigen Umstellung in diesem Verhältnis verschwand die Heiserkeit innerhalb von zwei Tagen – einfach so.

Aber nun wieder zurück zur Freude als Motivation zum Lernen. Der Verfasser konnte einige Erfahrungen sammeln, die sehr instruktiv sind und die enorme Wichtigkeit einer mit Freude erfüllten Zuwendung zum Lernstoff beweisen.

In seinem ersten Jahr als Student wurde der Verfasser gebeten, einem ca. 12-jährigen Jungen Nachhilfe in Englisch zu geben (vlg. S. 103). Beide Familien waren einander gut bekannt. Die Situation war prekär und verzweifelt: Nach mehreren schlechten Klassenarbeiten mit den Noten 4,5 und 5 drohte eine Nichtversetzung, falls die Klassenarbeit am darauffolgenden Tag (!!) ebenfalls schlecht ausfallen sollte. Aus Schamgründen hatte man also bis zum allerletzten Zeitpunkt gewartet.

Bis zu diesem Zeitpunkt hatte sein Vater mit ihm gelernt. Dieser war streng und autoritär, weil er eben so erzogen worden war. Mit dieser Art der Erziehung wollte er – seiner Meinung nach – das Beste für seinen Sohn. Dieser war aber körperlich und seelisch zart und deshalb sehr empfindsam. Der Verfasser hatte vor dieser Nachhilfestunde noch erfahren, dass der Junge bei jedem Fehler von seinem Vater einen Schlag mit dem Rührlöffel bekommen hatte. Die Beziehungen dieses Jungen zur englischen Sprache waren also mit vielen Ängsten und negativen Erfahrungen belastet.

Der Verfasser war reichlich verzweifelt, denn er sollte in einer einzigen Stunde die vielen Fehler und Unkenntnisse ausbügeln, die sich offenbar über viele Monate hinweg aufgebaut hatten. Das erschien natürlich als schlichtweg unmöglich, aber beide Mütter erwarteten dieses Lernwunder.

Und dann saß der Junge vor dem Verfasser, verschüchtert und verängstigt und kaum in der Lage, irgendwelche Antworten zu geben trotz der gegenseitigen Bekanntschaft und trotz des Wissens, dass er bei dem Verfasser keine Schläge bekommen wird. Diese Situation war noch erheblich schlimmer als der Verfasser sich das vorgestellt hatte.

Um seine Schüchternheit, seine Ängste und Verklemmungen zu lösen, schlug der Verfasser einen ganz und gar unkonventionellen Weg ein: Er verband sehr viele seiner Sätze mit spaßigen Bemerkungen oder gar mit Witzen. So ging das fast 1 ½ Stunden lang. Danach war der Verfasser schlichtweg groggy. Er hatte ein reichlich ungutes Gefühl, zumal ihm die Witze ein Stück weit auch als Zeitverschwendung vorkamen.

Bei der nächsten Nachhilfestunde war natürlich das Erste die Frage nach der „Note" bei der letzten Klassenarbeit. Und es war – halten Sie sich bitte fest – eine 1,5. Das schien unglaublich, aber es war tatsächlich eine 1,5! Was war geschehen?

Der Junge hatte bei seinem Vater den Lernstoff durchaus gut gelernt. Aber – und das war entscheidend – durch die Strenge des Vaters und die daraus folgende Ängstlichkeit und Schüchternheit des Jungen waren die erworbenen Kenntnisse weitgehend blockiert. Diese Blockade wurde dann durch die Lustigkeit des Verfassers in der Verbindung mit dem Lernstoff in weitem Umfang gelöst. Der Junge hatte Freude beim Umgang mit der englischen Sprache erlebt, und diese Freude hatte eine große Freiheit geschaffen, Freiheit von vielen Ängsten und Freiheit zur Anwendung des gelerntes Stoffes.

Der Verfasser war über diesen Vorgang wirklich perplex. Er hatte erlebt, wie stark sich Freude bei Lernvorgängen auswirken kann. Und diese Erfahrung hat er auch später in seinem Beruf als Lehrer immer wieder angewendet. Dazu ein Beispiel:

In jenen Jahren hatte jemand aus unerfindlichen Gründen die Idee, die sog. Mengenlehre – einen Hochschullehrstoff – in den Schulunterricht einzuführen. Damit nicht genug: Man sollte damit in der Klasse 5 beginnen, also bei den 10-Jährigen. Diese Kinder waren damals noch wegen des Fehlens von Bildschirmen bis zu 14 Stunden pro Tag körperlich aktiv. Und gerade sie sollten in das abstrakte Gedankengebäude der Mengenlehre eingeführt werden. Die Fachleute sahen zwar von Anfang an, dass dies nicht lange gut geht. Aber die Mengenlehre war eine Zeit lang vorgeschriebener Lehrstoff. Was tun?

Der Verfasser empfand diese Aufgabe etwa so schwierig, wie wenn er Schnecken das Seilspringen hätte beibringen sollen. Er ging deshalb bei diesem Lehrstoff auf seine ganz persönliche Art und Weise vor. Diese war zwar nicht offiziell, aber wirksam. Er erinnerte sich nämlich an den oben beschriebenen Nachhilfefall.

Seinem Wesen entsprechend verband er den Lernstoff fortlaufend mit Späßen und lustigen Bemerkungen, die tunlichst mit dem Lernstoff oder den vorliegenden Situationen verbunden waren. Die Schüler passten genau auf – auf den nächsten Spaß natürlich und schluckten nebenher und unbemerkt auch die Mengenlehre. Die Klassenarbeiten zeigten dann, was sie gelernt hatten. Die Freude war der Schlüssel zum Erfolg. Die Kinder hatten den Eindruck: Mengenlehre macht Spaß. Das war natürlich eine zweckmäßige und erfolgreiche Suggestion.

Da unser tüchtiger Innenminister – bis jetzt noch – kein Gesetz gegen solche Unterrichtsweisen erlassen hat, darf man auch weiterhin dem „Volk" durch Freude suggestiv Lernstoffe beibringen, z. B. Englisch – und Französisch – und Kopfrechnen(!) – und ... und... und ... Freude ist eine fast maßlos mächtige Motivation für Lernvorgänge.

Während man Freude als Lernmotivation ohne jede Mengenbeschränkung einsetzen kann, sollte man bei Belohnungen an Paracelsus denken: Die Dosis entscheidet. Man muss sich über den Sinn, den Zweck und die Anwendungsformen von Belohnungen einige Gedanken machen bevor man in eine Akutsituation kommt, in der man dann eine augenblickliche Entscheidung treffen muss. Wir reden im folgenden fast ausschließlich von der Erziehung von Kindern.

Grundsätzlich muss man sich und den Kindern klar machen, das nicht jede gute oder richtige Handlungsweise eine Belohnung zur Folge haben muss. In einer Gemeinschaft – ob nun Familie oder Gruppe – hat jeder ganz selbstverständlich seinen Teil zum „Funktionieren" dieser Gemeinschaft beizutragen. Mithilfe, Pünktlichkeit und Reinlichkeit sind absolute Selbstverständlichkeiten. Das gute Miteinander ist an und für sich schon eine große Belohnung. Das richtige Verhalten an einer Fußgängerampel ist ja auch selbstverständlich und wird nicht jedes Mal belohnt. Trotzdem sind gelegentliche anerkennende Worte wert-voll (ganz wörtlich zu verstehen). Das schwäbische „Nix gesagt ist schon gelobt" taugt nur für diese Region.

Bei uns hier geht es jedoch um die Frage, wie und in welchem Umfang Belohnungen als Lernmotivation angewendet werden können. Aber auch bei allen Lernvorgängen sollte vieles als Selbstverständlichkeit angesehen werden. Es wird also in der Praxis auf eine Mischung von Belohnungen und Selbstverständlichkeiten hinauslaufen, für die es natürlich kein „Kochrezept" geben kann.

Nur eines darf nicht übersehen werden: Belohnungen in Form von Süßigkeiten sind absolut und immer schädlich. Zunächst einmal für die Gesundheit. Außerdem würde für das spätere Leben der Gedanke angebahnt: Belohnung muss süß schmecken.

Das ist aber Unsinn, denn z.B. eine Steigerung des Selbstwertgefühls schmeckt eben nicht süß. Belohnungen sollten so gestaltet werden, dass sie auf das Gehirn zielen (z.B. Gefühle) und nicht auf die Zunge. Dabei ist der Phantasie freier Raum gegeben.

Belohnungen können also durchaus als Lernmotivation angewendet werden, aber einigermaßen sparsam. Denn wir wollen unsere Kinder zur Lebenstüchtigkeit erziehen, und in einem durchschnittlichen Leben sind Belohnungen nicht häufig. Zu viele Belohnungen in der Kindheit führen zwangsläufig zu einer starken Erwartungshaltung, die ziemlich sicher zu tiefen Frustrationen führen wird. Diese seelischen Verletzungen können dann zum Einfallstor für psychische Fehlhaltungen oder sogar für seelische Krankheiten werden. Paracelsus hat eben recht: Die Dosis entscheidet...

Es ist notwendig, sich über Belohnungen noch ein paar weitere Gedanken zu machen. In diesem Wort ist das Wort „Lohn" enthalten. Ein Lohn wird aber für eine <u>getane Arbeit</u> bezahlt oder gegeben. Diese Reihenfolge sollte bei der Erziehung von Kindern nie ungekehrt werden, weil sonst in ihrem Denken und Fühlen (!) die „Bahnung" entsteht: „Man muss sich gar nicht unbedingt Mühe geben um etwas zu erreichen oder zu erhalten." Ein Schmarotzertum, egal wie oder auf welchem Gebiet, ist aber das absolute Gegenstück zu einer positiven Haltung.

Unter Erwachsenen kann die Umkehrung der Reihenfolge Arbeit-Lohn als Ausnahme natürlich praktiziert werden; es ist dann eben eine Frage des gegenseitigen Vertrauens.

Eine Frage muss bei der Besprechung von Belohnung noch gestellt werden: Warum wagt man es eigentlich so wenig, Belohnungen in den verschiedenen Formen von Körperkontakten zu geben? Besonders von Kleinkindern wird ja der Körperkontakt sehr gewünscht, und ein kurzes Lob zusätzlich kann den Übergang zu anderen Formen der Belohnung bei älteren Kindern anbahnen, die ja die Körperkontakte nicht mehr so stark suchen.

Eine weitere Form der Belohnung – nämlich die Steigerung der Selbstwertgefühle hat der Verfasser mit guten Erfahrungen ausprobiert und wundert sich, dass diese Belohnungsform so wenig in der Praxis zu finden ist. Alle Lernvorgänge wirken sich ja so aus, dass die lernende Person vorübergehend mehr kann oder mehr weiß als „passende" Vergleichspersonen in der Umgebung. Eine Fremdsprache sprechen, schwimmen können, Einradfahren, umfangreiches Wissen aus der Geschichte, der Biologie, den Naturwissenschaften usw. erhebt die lernende Person in gewisser Weise über die Menschen in ihrer Umgebung.

Dabei wird auch der in uns allen mehr oder weniger stark ausgeprägte Ehrgeiz angesprochen (allerdings auch Stolzgefühle). Dieser Ehrgeiz ist eine sehr stark wirkende Lernmotivation, und das Können und Wissen kann – auch bei Kindern unter 6 Jahren – als eine Belohnung für die Mühen des Übens und Lernens dargestellt werden. „Du kannst mehr als... "

Das Können und Wissen allein kann also schon eine Belohnung sein. Und diese Belohnungsform hat eine Eigenschaft, die keine andere Belohnungsform aufzuweisen hat: Die Belohnung kommt nicht von außen, von Dritten, sondern sie ist in der Person des Lernenden fundiert.

Diese Person kann sagen: Ich kann..., ich weiß..., ich schaffte dies und kann noch mehr. Die so entstandenen Selbstwertgefühle sind dann die Belohnung und – natürlich – gleichzeitig eine starke Motivation für weitere Lernaktivitäten. Aber Aktivitäten! Von Bequemlichkeit und Faulheit ist in diesem Buch nirgendwo die Rede.

Kinder und Jugendliche haben schon immer neue Lebensinhalte gesucht, in denen sie ihre Aktionskraft anwenden konnten. Zur Zeit suchen viele Jugendliche ihre Selbstwertgefühle im Alkoholgenuss. Wenn Vorbilder und Medien der Jugend zeigen würden, wie stark ein Selbstwertgefühl durch Können und Wissen werden kann, könnte vielleicht bis zu einem Drittel der Jugendlichen feststellen: Können und Wissen ist „cooler" als Alkohol. Da beim Lernen, beim Können und beim Wissen Alkohol nur hinderlich ist, würde er bei vielen Jugendlichen einfach wegfallen – ohne Verbote und aus reiner Zweckmäßigkeit.

Was wirkt stärker: Verbote oder Selbstwertgefühle? Jeder weiß die Antwort!

Werden Können und Wissen zu einer wichtigen Sache, so hat das noch einen weiteren Aspekt: Unsere Gesellschaft ist eine fast reine „Haben" - Gesellschaft. Besonders stark ausgeprägt ist dies unter den Kindern und Jugendlichen. Teure Markenkleidung, „dicke" Autos der Eltern, weit entfernte Urlaubsziele, ein hohes Taschengeld sind die üblichen Beurteilungskriterien unter Jugendlichen. Die schon Millionen zählenden Kinder aus sozial schwachen Familien sind davon ausgeschlossen. Wird jedoch Können und Wissen zum Kriterium, dann kann jedes Kind eine „Nische" finden, in der es etwas Besonderes – vielleicht sogar etwas Einmaliges „leisten" kann. Wie sollen denn die Kinder aus Hartz IV-Familien sonst ihre Selbstwertgefühle aufbauen? Etwa durch den täglichen Blick auf den Geldmangel in der Familie?

Wo von Lernvorgängen die Rede ist, muss auch ein Begriff genannt werden, der bei Lernvorgängen und in der Erziehung eine Rolle spielen kann. Wenn man um diesen Begriff Bescheid weiß, kann man manche Lernbehinderung oder manchen Erziehungsfehler vermeiden. Die Rede ist vom „bedingten Reflex". Was ist das?

Zunächst muss vom „unbedingten Reflex" – meistens einfach als „Reflex“ bezeichnet – die Rede sein. Dabei handelt es sich um einen Vorgang in Tieren oder im menschlichen Körper, der nach einer „Auslösung“ völlig autonom abläuft, also nicht gesteuert und meistens auch nicht gestoppt werden kann. Wenn z. B. beim Autofahren irgendein Gegenstand (z.B. ein Blatt) oder ein Wasserspritzer gegen die Windschutzscheibe prallt, schließen wir ganz automatisch die Augen, obwohl wir genau wissen, dass uns nichts treffen kann. Wenn wir etwas im Mund zerkauen, fängt schon der ganze übrige Verdauungsapparat an zu arbeiten. Diese automatische Steuerung ist sehr zweckmäßig.

Man kann nun den Auslösevorgang eines Reflexes mit irgend etwas koppeln. Z.B. hat man Hunde während der Fütterung gleichzeitig einen Ton hören lassen. Nach etlichen Wiederholungen dieses Vorganges hat man den Ton ohne Fütterung den Hunden zu hören gegeben. Durch Magensonden, die den Hunden operativ eingesetzt worden waren, hat man festgestellt, dass das Fließen der Magensäfte allein schon durch den Ton ausgelöst wurde. Das war sogar ein biologisch sinnloser Vorgang, allerdings ohne einen Schaden anzurichten. Diesen Vorgang nennt man einen „bedingten Reflex“.

An diesem Beispiel wird das Wesen des bedingten Reflexes erkennbar: Ein körperlicher (oder seelischer) Vorgang wird durch einen „Auslöser“ in Gang gesetzt, mit dem dieser Vorgang ursprünglich nichts zu tun hatte.

Diese Auslösung kann sowohl negative als auch positive Auswirkungen auf den betroffenen Organismus haben; eine Definition von neutralen Auswirkungen scheint sehr schwierig zu sein und wird deshalb hier unterlassen.

Beginnen wir mit negativen Beispielen. Dazu gehört der oben (Seite 107 beschriebene Fall des Jungen mit der Englisch-Nachhilfe. Der schulische Englischunterricht in Verbindung mit den Wirkungen der Aktionskraft und die Erwartungen der Eltern drängten diesen Jungen zum Erlernen der englischen Sprache.

Die Rührlöffelschläge seines Vaters erzeugten jedoch Ängste und Fluchtwünsche. So verband sich das Schlagwort „Englisch“ mit Gefühlen und Gedanken der Angst und der Abwehr des gesamten „Englisch-Komplexes“, was zu der oben beschriebenen reflexartigen Blockade alles Wissens und alles Könnens bezüglich der englischen Sprache führte. Und in diese Abwehrhaltung strömte natürlich auch ein Teil der Aktionskraft, was die Blockade verstärkte.

Schlagworte sind sehr oft Auslöser von Ablehnung, von Ängsten oder von irgendwelchen anderen negativen Gedanken und Gefühlen, wenn sie sich auf gesellschaftlich abgelehnte, geächtete oder gar gefürchtete Vorgänge oder auf weniger hochgeachtete Menschengruppen beziehen. Es sei als Beispiele nur an die Begriffe „Inflation“ (man spricht lieber von Preissteigerung) , „Rezession“ (= Marktberuhigung) oder an die verschiedenen Bezeichnungen für Menschen aus Afrika erinnert. In der Politik werden alle anderen „-ismen“ so lange „schlecht gemacht“ bis sie geradezu reflexartig Ablehnungsgefühle auslösen obwohl der Verstand sagt, dass alle „-ismen“ nur zur Hälfte gut sind.

Ein derartiges, von der Gesellschaft weitgehend abgelehntes Schlagwort ist auch der Begriff „Autosuggestion“. Damit durch diesen Begriff nicht jegliche sachliche Diskussion über den durchaus wertvollen Inhalt dieses Wortes reflexartig blockiert wird, wurde an den betreffenden Stellen in diesem Buch der Begriff „Selbstsuggestion“ verwendet, der relativ ungebräuchlich und deshalb unbelastet ist. Dieser Begriff führt wegen der fehlenden „Belastung“ eben nicht zu einer reflexartigen Ablehnung der gesamten Diskussion.

Die Zusammenhänge und die Unterschiede zwischen unbedingten und bedingten Reflexen kann noch ein weiteres Beispiel klar machen.

Der Verfasser hat einen größeren Garten mit Wiesenflächen, Obstbäumen, Beerensträuchern, Blumen und offenem Land für allerlei Sonstiges. Auf diesen freien Flächen machte er auch verschiedene Zuchtversuche. Das gefiel dem Verfasser recht gut so.

Dieser Garten gefiel aber auch einer Schar von Saatkrähen sehr gut. Sie fraßen die Zuchtversuche zum größten Teil. Sie pickten die Äpfel und Birnen an, die deshalb faulten. Die Fraßspuren und die Beobachtungen bewiesen, dass die Schäden fast ausschließlich von den Saatkrähen stammten. Schließlich holten die Krähen innerhalb eines einzigen Tages fast die ganze Schwarzkirschenernte, ungefähr einen halben Zentner.

Das Hauptproblem in der ganzen Sache war, dass zwar die Krähen schützenswerte Natur waren, die mühsam erarbeiteten Gartenprodukte waren es aber auch. Während ein Bauer für Wildschweinschäden entschädigt wird, geht ein Kleingärtner bei jedem Schaden leer aus. Und unser maßlos tüchtiger Innenminister, der Tag und Nacht neue Gesetze erfindet, hat trotz seines umfangreichen Kampfes gegen Terror aller Arten noch kein Gesetz konstruiert, das einen Kleingärtner zwingt, seine mühevoll erarbeiteten Produkte dem Terror von allen möglichen Wildtieren – Vögeln, Rehen, Hasen, Kaninchen, Mäusen usw. – als Futter preiszugeben. Im obigen Fall war aber guter Rat „teuer", und durch den Rat von Fachleuten wäre er noch erheblich teurer geworden.

Dann hat sich jedoch eine der Krähen des Gartenbesitzers "erbarmt" und eine Lösung dieses Problems geschaffen: Sie fiel – sicherlich ungewollt, aber beim Kirschenklauen!- in ein Wassergefäß und ertrank, weil sie nicht rechtzeitig einen Schwimmkurs besucht hatte. Das war die eine Hälfte der Problemlösung. Die andere Hälfte baute dann noch der Gartenbesitzer dazu.

Er nahm die menschenfreundliche Krähe und hängte sie mit einem Bein am Querbalken der Gartenschaukel auf. Durch diese Körperhaltung konnte jedes Lebewesen mit Augen erkennen, dass diese Krähe „futsch" war. Insbesondere konnten dies die anderen Krähen erkennen. Und sie erkannten es auch sehr wohl und kommentierten dieses Bild mit langanhaltendem, fast maßlosem

Geschrei. Dadurch war sicher, dass die anderen Krähen den Platz mit der toten Krähe zukünftig meiden würden. Das ist nämlich ein unbedingter Reflex. Aber die Wirkung war nur sicher, solange die tote Krähe hing. Diese war jedoch verweslich, weil sie ja nicht aus Plastik war.

Da die Krähen sich mit ihrem Geschrei nicht an die behördlich vorgeschriebenen Ruhezeiten hielten, verjagte sie der Gartenbesitzer wegen der naheliegenden Siedlung schließlich durch Zischlaute. Auch das ist ein unbedingter Reflex.

Die tote Krähe hing ein paar Tage lang. Dann holte jedoch ein Fuchs die Krähe aus dem Versteck, in dem der Gartenbesitzer sein „Theater-Requisit" über Nacht versteckt hatte. Ende des Theaters?

Aber nein doch! Es gibt ja auch noch den bedingten Reflex! Und das ging so:

Zusätzlich zur toten Krähe hängte der Gartenbesitzer mehrere Fahnen aus zerknüllter Alu-Folie an dem Schaukelgerüst auf. Diese verwesten nicht, schmeckten dem Fuchs absolut nicht und waren nach Stürmen leicht ersetzbar. Die Krähen lernten dabei: „Alu-Folie und Krähentod gehören zusammen!" Und sie mieden das Grundstück fortan. Die Schwarzkirschen schmeckten wunderbar, die Äpfel hatten keine Löcher und die Zuchtversuche blieben unbehelligt. Das war dann zweifellos ein bedingter Reflex, denn der Auslöser des Reflexes stammte nicht aus der Natur, sondern aus dem Discounter – Laden.

Das Prinzip ist also leicht erkennbar: Zu dem vorgegebenen, angeborenen Auslöser packt man noch etwas Zweites dazu, und dies wird dann zum Auslöser des bedingten Reflexes. Dabei bleibt also die Handlung unverändert, aber der Auslöser dieser Handlung wurde ausgetauscht.

Wie kann man nun bedingte Reflexe im Zusammenhang mit Lernvorgängen anwenden?

In den nachfolgenden Ausführungen handelt es sich zunächst einmal um Lernvorgänge bei Kindern. Dabei wird an sogenannte „durchschnittliche" Kinder gedacht. Damit sind Kinder gemeint, bei denen nicht irgendwelche besonderen seelische Konstellationen oder gar seelische Behinderungen vorliegen.

Besondere Gruppen von Kindern (z.B. ADHS-Kinder) erfordern oft auch spezielle Vorgehensweisen bei den Lernvorgängen. Sicherlich können auch bei diesen Gruppen vereinzelt bedingte Reflexe eine Rolle spielen, aber es kann sein, dass bei diesen Sondergruppen spezielle „Auslöser" der Reflexe oder auch spezielle Handlungsweisen bei den Lernvorgängen nötig sind. Diese Fragenkomplexe können nur in unfangreichen Spezialuntersuchungen bearbeitet werden.

Völlig fern von den nachfolgenden Ausführungen sind allerdings Kinder mit einem (brutal umschriebenen) „Kompost-Syndrom", bei denen durch Frustration und Nicht-geliebt-sein fast jede seelische Regung vergammelt und zerfällt. Solche Kinder haben – als Beispiel genannt – für fast jede Einladung oder gar Aufforderung zu sozialen Kontakten die sofortige Gegenfrage: „Muss ich das tun?" Aus solchen Kleinneurotikern werden dann später echte Superneurotiker. Wehe den Mitmenschen, wenn solche Superneurotiker irgendwelche Macht ausüben können, sei es durch Paragraphen, durch Prüderie oder durch religiöse Vorschriften!

In der Sprechweise des Philosophen Martin Heideggers haben diese Kinder nur ein „So-sein", aber kein volles „Da-sein". Ihr Aussehen (Haut) und ihr Verhalten weisen ebenfalls in diese Richtung. Sie sind außerdem hochpotenzierte „Bildschirm-Kids" und haben diese Bildschirmzwänge auch später als Erwachsene. Solche Kinder kann man wahrscheinlich auch mit bedingten Reflexen nicht erreichen, weil sie „weggetreten" sind. (Mit Anführungsstrichen ist dieser Ausdruck nicht militaristisch!)

Aber jetzt ist es höchste Zeit um praktische Beispiele von bedingten Reflexen zu beschreiben.

Kinder haben einen starken Bewegungsdrang. Dieser Drang

ist angeboren, hat also die Qualität von Reflexen. Die Bewegungen sind außerdem ein Kanal, in den die Aktionskraft einströmt und dabei abgebaut wird. Dies alles zusammen bewirkt reflexartig eine große Freude an diesem Tun, wie ja auch die Beobachtung von Kindern massiv beweist. Diese Freude kann den Bewegungsdrang verstärken, was dann ein „Arbeitskreis" ist. Wasser in jeder „Form" kann – bekanntlich! – diese Freude erheblich steigern. Sicherlich kann sich jeder an Planschereien in der Kindheit erinnern.

So weit - so gut. Aber wo ist dabei ein Lernstoff?

Es ist bisher kein schulischer Lernstoff in diesen Überlegungen. Aber die durch das Sich-bewegen entstehende Freude ist etwas <u>in jeder Hinsicht</u> sehr Wertvolles. Sie ist – wie schon ausgeführt – eine sehr starke Lernmotivation. Sie ist geradezu eine Super-Aufhängevorrichtung für jeden Lernstoff. Aber wie geht es jetzt weiter?

Nehmen wir mal den Lernstoff „Englisch". Diesen Lernstoff sollten wir also mit der Motivation „Freude" verbinden, und das sollte eine möglichst sehr massive Verbindung werden. Da liegt es doch nahe, diesen Lernstoff mit Bewegungen zu verbinden, denn diese machen ja Freude – und das ist ja angeboren!

Und die Praxis?

Man könnte Sportunterricht in englischer Sprache machen. Dann verbindet sich die Freude an den Bewegungen mit der englischen Sprache und erzeugt dadurch – fortlaufend! – immer mehr Freude an der englischen Sprache. Der Sport, verbunden mit der englischen Sprache, erzeugt dadurch bei beidem immer mehr Freude. Auch hierbei entstehen die schon bekannten „Arbeitskreise". Die englische Sprache sitzt also anfangs gewissermaßen „huckepack" auf dem Sport.

Das „Freudepotential" der englischen Sprache wird mit der Zeit immer stärker.

Schließlich erzeugt die englische Sprache <u>alleine</u> schon ohne die Mithilfe des Sports immer mehr Freude. Diese maximale

Lernmotivation hat sich dann also mit der englischen Sprache fest verbunden.

Was war dabei geschehen? Die Bewegungen erzeugen angeborenerweise – also reflexförmig – Freude. An ihre Stelle ist als Auslöser für die äußerst wertvolle Motivation „Freude" die englische Sprache getreten. Und jetzt kann man durch Arbeitskreise mit den Partnern „englische Sprache" und „Freude" diese Lernmotivation „Freude" mehr und mehr verstärken. Diese beiden Partner sind nun (fast) allein vorhanden.

Eine verrückte Idee? Zur englischen Sprache über den Sport?

Weder verrückt noch originell: In Stuttgart gibt es ab dem Sommer 2008 an zwei Schulen je eine Klasse, in denen Sport – und Sachkunde!! – in englischer Sprache unterrichtet werden. Na also! Und der Verfasser ist sogar völlig „unschuldig" daran!

Noch einmal das Prinzip: Irgend etwas, das Freude macht (z.B. Sport, Wandern, Radfahren, Kuchen) wird mit etwas anderem verbunden, das <u>in der Zukunft</u> Freude machen soll (z.B. Fremdsprachen, Forschungsinhalte). Das geschieht so lange, bis „das Zweite" als Auslöser von Freude stark genug geworden ist. Dann wird „das Erste" als Auslöser von Freude abgelöst, möglichst ganz abgelöst – auch der Kuchen, ach wie schade! Natürlich spielen Suggestionen hierbei eine Rolle, aber der Erfolg zählt, ganz alleine der Erfolg!

Wer diese letzten Zeilen zwei Mal liest, stellt mit Sicherheit fest: Das taugt auch zur Selbstführung! Das Prinzip bleibt dabei dasselbe. Deshalb braucht man auch nicht viel „Grips" zur Anwendung.

Bedingte Reflexe können also Hilfe zur Selbsthilfe sein – zum „Ich kann". Denn das Ziel ist und bleibt das „<u>Ich</u> kann". Deshalb ist und bleibt auch der unveränderliche Grundsatz: „Ich gebe niemals auf!"

Nicht die Lebensumstände sind entscheidend, sondern die

Antwort, die ein Mensch auf seine Lebensumstände gibt. Nur so – wirklich nur mit dieser Grundhaltung – kann ein Leben „gebaut" werden! Das erzwingt schon die Logik – und die Praxis erst recht.

Diese Grundhaltung und diese Prinzipien sind der Inhalt dieses Buches.

Diese Grundhaltung und diese Prinzipien sind im Leben des Verfassers zu finden.

Diese Grundhaltung und diese Prinzipien können das Leben jeden Lesers bestimmen. Man muss es nur wollen!

Ängste

Eine weitere denkmögliche Lernmotivation wurde in den bisherigen Ausführungen nicht genannt, weil von ihr aus schwerwiegenden Gründen dringend abzuraten ist: Die Anwendung von Drohungen und die damit verbundene Erzeugung von Angstgefühlen. Um die Gefährlichkeit dieser Methode zu verstehen, müssen wir einen kurzen Abstecher in die biologische Verhaltensforschung machen.

Ein Angstverhalten oder zumindest ein analoges Verhalten finden wir bei den meisten Tierarten, ganz einfach deswegen, weil es lebensrettend sein kann. Wir haben allerdings bei Tierbeobachtungen die große Schwierigkeit, dass wir ja nicht in die „Seele" der Tiere hineinsehen, sondern dass wir nur Reaktionen auf bestimmte Ereignisse feststellen können, wenn diese z. B. ein Fluchtverhalten auslösen.

Wichtig ist für unsere Überlegungen dabei der jeweilige „Auslöser" eines Fluchtverhaltens oder eines Tarnverhaltens und der dahinter vermuteten Angstgefühle. Diese Auslöser sind jedoch je nach Tierart und ihrem Lebensraum so vielfältig, dass hier nur einzelne Beispiele genannt werden können.

Von unserem menschlichen Denken und Fühlen ausgehend kann man dann auf Grund des Gesamtverhaltens auf angstähnliche Gefühle und Vorgänge in diesen Tieren schließen. Aber beweisbar im scharf wissenschaftlichen Sinne ist dies nicht wie oben dargelegt, prinzipiell nicht. Immerhin legen jedoch Mimik, Gestik und das Gesamtverhalten z. B. von Menschenaffen angstähnliche Vorgänge im Denken und Fühlen dieser Tiere sehr nahe.

Als eine wichtige Ergänzung zu diesen Ausführungen sei gesagt, dass Ängste – bekanntlich – nicht nur ein Fluchtverhalten auslösen können, sondern auch eine weitgehende Lähmung der allermeisten Körperfunktionen. Das wird bei den Tieren als „Totstellreflex" bezeichnet.

Auch bei den Menschen gibt es ein durch Ängste ausgelöstes Verhalten, das diesem Totstellreflex analog und sehr ähnlich ist. Formen, Bedeutung und Auswirkungen dieses Verhaltens können jedoch in diesem Buch schon aus Platzgründen nicht ausführlich diskutiert werden. Für eine Lernmotivation kommt dieses Verhalten natürlich sowieso nicht in Frage, der Totstellreflex ist ja eine fast totale Abschottung gegenüber der Umwelt.

Wir betrachten jetzt vor allem die Auslöser von Fluchtreaktionen. Natürlich ist eine Fluchtreaktion in einer Gefahrenlage auch beim Menschen oft lebensrettend. Dabei ist vor allem an die äußerst starke Natur-Gebundenheit unserer früheren Vorfahren zu denken, bei denen die fortlaufende Notwendigkeit der Nahrungsbeschaffung über Leben und Tod entschieden hat. Diese Nahrungsbeschaffung war immer mit Gefahren verbunden. Bezüglich der Auslöser einer Fluchtreaktion gibt es jedoch gravierende Unterschiede zwischen Tier und Mensch.

Bei den Tieren sind die Auslöser einer Fluchtreaktionen in aller Regel ganz oder doch fast ganz genetisch festgelegt, also angeboren. Soweit man das bisher erforscht hat, spielen nur bei wenigen Tierarten bezüglich der Auslöser Lernvorgänge eine Rolle wie z. B. bei Menschenaffen und den Delphinverwandten. Bei diesen Tierarten hat man vereinzelt angelernte Auslöser einer Fluchtreaktion gefunden. Betrachten wir als weiteres Beispiel die Vögel.

Bei vielen Vogelarten hat man festgestellt, dass das Aussehen eines Auslösers von Fluchtreaktionen ziemlich genau genetisch festgelegt ist. Deshalb werden z.B. heutzutage an großen Glasfenstern die Silhouetten von Greifvögeln aufgeklebt, und diese reinen Papierfiguren lösen bei den meisten kleineren Vogelarten ein Fluchtverhalten aus. Unsere Singvögel können klare saubere Glasscheiben nicht erkennen und würden sich an diesen Scheiben massenweise den Tod holen. Vor dem Zeitpunkt dieser wissenschaftlichen Erkenntnis war dies ja auch der Fall.

Bei den Menschen jedoch gibt es nur sehr wenige angeborene Auslöser von Fluchtreaktionen und Ängsten. Lediglich alles was im Vergleich mit uns Menschen erheblich größer ist wirkt „unheimlich“ und löst deshalb Ängste aus. Die Psychologie kennt über 100 verschiedene Angstformen, und diese Zahl allein macht schon klar, dass die allermeisten Angstauslöser angelernt sind. Das hat – biologisch gesehen – durchaus Nachteile. Ein Elefant löst durch seine Größe Ängste aus, eine kleine Giftschlange jedoch zunächst nicht. Ihre Gefährlichkeit muss erlernt werden. Über weitere Nachteile dieses Mangels an angeborenen Auslösern später noch mehr. Hier sei nur festgehalten, dass dieser Mangel der Grund für die vielen Formen der Ängste ist. Nahezu alles kann zum Auslöser für Ängste werden.

Das hat – biologisch gesehen – aber durchaus auch Vorteile. Dadurch wurde der Mensch befähigt, sehr verschiedene Regionen der Erde zu besiedeln, weil er die jeweils dort vorhandenen Gefahrensituationen durch Lernvorgänge erkennen und vermeiden konnte.

Wir haben dem Thema der Angst ein wenig mehr Platz eingeräumt als vielleicht unbedingt nötig gewesen wäre. Aber das hat seine Gründe: Es kann schon aus den bisherigen Darlegungen entnommen werden, dass Angst – in welcher Form auch immer – nur ein Hindernis für Lernvorgänge sein kann. Das soll jedoch noch einmal klar herausgestellt werden:

Erstens: Lernvorgänge bedingen eine seelische Zuwendung zu dem Lernstoff und allem, was mit ihm zusammenhängt. Dazu sind Gedanken, Gefühle, Handlungen und Worte des Freiseins notwendig. Angst bedeutet jedoch eine Abwendung von allen Lebensäußerungen außer einer Fluchtreaktion oder einer Totstellreaktion. Angst bewirkt also eine fast totale Unfreiheit und ist deshalb das genaue Gegenstück zu allem, was bei Lernvorgängen gebraucht wird.

Zweitens: Wie gezeigt wurde, ist sowohl der Auslöser als auch der Inhalt einer Angstreaktion beim Menschen biologisch nicht eindeutig festgelegt. Deshalb kann es geschehen, dass sich das „Zielobjekt" oder der ganze Inhalt einer vorhandenen Angst ändert, und das unter Umständen sogar mehrmals. Eine vorhandene Angst kann also in gewissem Sinne „wandern". Sie kann bei dieser „Wanderung" auch „Ableger" bilden, d.h. zusätzlich neue Zielobjekte oder neue Inhalte finden. Sie kann deshalb sogar schlimmstenfalls zu einem diffusen allgemeinen Angstgefühl ausarten. Das ist die andere Seite unserer biologischen Freiheit. Hierbei ist interessanterweise – vom Grundschema her – ein ähnliches Geschehen wie bei einer Krebserkrankung zu finden. Die Angst als „Krebs der Seele" zu bezeichnen hat sicherlich viel Wahrheitsgehalt. Aber das sind medizinisch – philosophische Gedanken und sie sind deshalb außerhalb dieses Buches.

Es gibt Äußerungen von Psychiatrie-Patienten (Erwachsene und Kinder), die von einem derartigen „Wandern" von Ängsten berichten. Auch von einer Ausbreitung der Ängste in anderen Bereiche der Seele, ist manchmal die Rede. Es muss die Frage gestellt werden, ob dabei nicht (auch?) fehlgeleitete Aktionskraft eine Rolle gespielt hat. Die jeweils durchgeführte Therapie könnte diese Frage klären. Aus all diesen Gründen wäre es in jedem Falle schlecht – genauer: erfolgswidrig – mit irgendwelchen Formen der Angst im Zusammenhang mit Lernvorgängen zu arbeiten. Vor allem sollten sich diese Zusammenhänge alle diejenigen klar machen, die Erziehungs- oder Ausbildungsfunktionen haben.

Kurz und bündig: Hände weg von allem, was Ängste erzeugt oder auch nur indirekt mit Ängsten zu tun hat. Diese Regel gilt ganz allgemein, und für Lernvorgänge gilt sie doppelt. Denn Ängste binden Kräfte, schaffen „Fesseln" und bringen zwangsläufig eine Abschottung gegenüber der Realität.

Sonstiges

Unsere Betrachtungen über Lernmotivationen sollen damit beendigt sein, obwohl viele der aufgezählten Lernmotivationen noch nicht besprochen worden sind. Ganz grundsätzlich sei jedoch gesagt, dass ein Lernerfolg ohne eine intensive Pflege einer oder besser mehrerer Lernmotivationen nur gering ausfallen kann. „Pflege" bedeutet: Aktivitäten! Von selbst kommt nichts!

Das Wissen um die Aktionskraft und ihr Bestreben sich in irgendwelchen Aktivitäten abzubauen liefert auch ein besseres Verständnis für die Umstände, unter denen man die besten Lernerfolge erzielen kann. Hierbei kommt die ganze Vielfalt der Erbanlangen der Menschen zum Tragen. Es gibt sogenannte Nachtmenschen, die erst am Abend zu voller Leistungsfähigkeit kommen. Es gibt andererseits die Frühaufsteher, die ihr Tagespensum Fremdsprachen schon vor der Arbeit erledigt haben. Es gibt Menschen, die beim Lernen das Sitzen bevorzugen (wohl die Mehrzahl), andere lernen besser im Stehen oder sogar im Gehen.

Jeder muss selbst ausprobieren, welche Bedingungen bei ihm zu den besten Lernerfolgen führen.

Aber dabei muss man „beweglich" bleiben: Es kann sein, dass man Fremdsprachen leichter im Gehen lernt, andere Lernstoffe aber im Sitzen besser im Gedächtnis haften bleiben. Es kann natürlich auch umgekehrt sein – oder irgendwie anders.

Es kann auch sein, dass man feststellt, das Lernen geht bei allen Lernstoffen besser im Gehen, und ein Jahr später geht es aber besser im Sitzen.

Probieren – probieren – probieren !

Auch in der Frage der möglichen Nebengeräusche gibt es alle Varianten. Viele suchen die Ruhe in der Umgebung, andere brauchen angeblich irgendwie spezielle Hintergrundmusik. Die meisten lernen schweigend (natürlich außer bei Fremdsprachen), andere müssen leise reden oder mindestens die Lippen bewegen.

Es gibt keine „beste Methode“, sondern jedes muss ausprobieren, wie er / sie am besten lernt.

Das Verständnis der Wirkungsweise der Aktionskraft macht auch klar, dass man nicht gleichzeitig zwei viel Kraft verbrauchende Tätigkeiten tun kann. Man kann nicht weit wandern und gleichzeitig Sprachen lernen, auch wenn man die Bewegung beim Lernen braucht. Man kann höchstens „nebenher“ einen gemütlichen Spaziergang machen.

Ähnliches gilt auch für die Geräuschkulisse, auch wenn manche Leute anderes behaupten. Wer wirklich nicht ohne Hintergrundgeräusche lernen kann, muss die Lautstärke dieser Geräusche sehr gering halten, weil der Hörvorgang ein gewisses Quantum der Aktionskraft verbraucht und dieser Kraftteil nicht mehr für den Lernvorgang zur Verfügung steht. Bei handwerklichen Arbeiten, die nicht volle Konzentration erfordern, kann (!) eine Hintergrundmusik durchaus angenehm sein. Lernvorgänge haben aber ihre eigenen Gesetzmäßigkeiten.

Wissen, Können und vor allem Lernen sind gewissermaßen Kanäle, in welche die Aktionskraft einströmen kann. Jeder intensiv Lernende hat weder Zeit noch Kraft für aggressive oder gar zerstörerische Handlungsweisen. Das ist keine graue Theorie, sondern die Erfahrungen sind genau so, wie man sie auf Grund der Überlegungen über die Aktionskraft erwartet. Man hat z. B. an einer Schule jedem Kind schon in den Grundschulklassen die Möglichkeit gegeben, ein Musikinstrument zu spielen. Und der Schulleiter stellte fest (Zitat): „Wir haben an unserer Schule keinerlei Vandalismus". Er führte weiter aus, dass die Schüler sogar die Einrichtungen der Schule geradezu pfleglich behandeln. Der Handlungsdruck der Aktionskraft hatte hier positive Kanäle gefunden.

Der Gründer der Pfadfinderbewegung stellte den Grundsatz auf, dass jeder Pfadfinder mindestens eine „gute Tat" pro Tag tun muss. Das war eine instinktiv richtige positive Kanalisierung der Aktionskraft und hatte als Nebenwirkung die Erzeugung eines starken Gemeinschaftsgefühls in den meistens kleinen Gruppen. Das konnte ja auch gar nicht anders sein, denn ein großer Teil der Aktionskraft war durch die sozial positiven Handlungen abgefangen worden und stand deshalb nicht mehr für irgendwelche aggressiven Handlungsweisen innerhalb oder außerhalb der Gruppe zur Verfügung. Heute ermuntert man – bisher noch in nur wenigen Fällen – Kinder zum Besuch von Altenheimen und zu kleinen Hilfeleistungen für Senioren, Behinderte oder Kranke. Solche Kinder finden kaum noch Zeit oder Möglichkeiten zu sozial negativen Handlungsweisen, und man erlebt ungefähr dieselben „Effekte" wie bei den Pfadfindern – geradezu zwangsweise, denn der Umgang mit der Aktionskraft ist ja in beiden Fällen sehr ähnlich.

Wissen, Können und Lernen werden sich in den nächsten Jahren in unserer Gesellschaft geradezu wie eine Epidemie ausbreiten. Überall sind Anfänge davon zu sehen. Immer öfter hört man von Kindergartengruppen, in denen stundenweise oder Halbtagsweise nur Englisch gesprochen wird. In Stuttgart gibt es seit September 2008 zwei erste Grundschulklassen, in denen Sachkunde und Sport nur in Englisch unterrichtet wird. Es ist nur eine Frage der Zeit und der Führungskräfte, dass auch schon Kleinkinder bis zu 6 Jahren zwei Fremdsprachen kennen lernen. Sie hören die Sprache und wenden sie einfach an, wie es auch ohne eine spezielle Sprachbegabung bei der Muttersprache geschieht. Alles spielerisch und ohne Druck und ohne eine Grammatik, die viel später noch Zeit hat. So baut man Freude am Können und Wissen auf.

Und hierbei haben Hartz-IV-Kinder keinerlei Nachteile!!! Die Bedeutung dieses Gesichtspunktes wird von Tag zu Tag wachsen!

Es ist auch nur eine Frage der Zeit und der Führungskräfte, dass fast jedes Schulkind ein Musikinstrument erlernt. Die Folgen für die seelische Entwicklung der Kinder sind schon oben angedeutet worden. Lernen macht Freude, und unsere Gesellschaft braucht nicht so viele der dringend notwendigen Fachkräfte für die Industrie aus fremden Ländern importieren.

Aber das kostet Geld! Woher soll dieses Geld kommen?

Eine Gesellschaft, die mit vielen Milliarden von Steuergeldern Banken saniert, hat auch Geld für ihre Kinder. Eine Milliarde Euro ergeben 1 Million Musikinstrumente zu je 500 Euro plus je 500 Euro für den Gruppenunterricht während eines ganzen Jahres! Kopfrechnen kann man erlernen!

Wohin strömen viele Steuer-Milliarden? In die Sanierung von Banken! Prosit!

Eine Gesellschaft, die Kindern und Jugendlichen nicht umfangreiche Möglichkeiten zu kulturellen, sportlichen und anderen sozial positiven Tätigkeiten und zu Lernmöglichkeiten bietet, sondern sogar noch Jugendhäuser schließt, braucht das scheinbar gesparte Geld und noch viel mehr, um Gefängnisse zu bauen. Wenn Menschen jeden Alters, insbesondere aber wenn Jugendliche ihre Aktionskraft nicht sozial positiv einsetzen können, setzen sie diese Aktionskraft eben sozial negativ ein. Diese Weisheit braucht man jedoch nicht zu lernen, man kann sich dies alles an den fünf Fingern abzählen, sofern noch Spuren von Verstand und Einsichtsfähigkeit vorhanden sind. Die Aktionskraft kann nicht „verdunsten", sondern sie <u>muss</u> abreagiert werden, wie auch immer.

Seelenfrieden

Stellen Sie sich bitte einmal folgende Szenerie vor: Sie pflegen in Ihrer Wohnung Zimmerhasen. Diese Tiere produzieren kleine runde und feste Kotbällchen, die einigermaßen trocken sind. Nun kaufen Sie sich noch ein größeres Plastikgefäß, das etwa 40 bis 50 Liter Wasser aufnehmen könnte.
Und dann geben Sie jeden Tag ein solches fast geruchfreies Kotbällen in dieses große Gefäß; nur eines jeden Tag. Nur ein einziges!

Dies treiben sie so 18 Jahre lang. Dann kommt der Tag der Wahrheit: Sie leeren den Inhalt dieses Gefäßes auf einer größeren ebenen Fläche aus in der Erwartung, dass der Inhalt des Gefäßes aus Edelperlen, kleinen Halbedelsteinen und Silberkugeln besteht. Gold lassen wir mal wegen Bescheidenheit aus dem Spiel.
Wird sich diese Erwartung – wenigstens halbwegs – erfüllen?

Eine dumme Frage, nicht wahr?
Gehen wir von den Kaninchen einen kleinen Schritt weiter zu den Kindern; beides fängt ja mit „K“ an.
Viele Kinder sitzen täglich – oft stundenlang - vor irgendwelchen Bildschirmen. Auf ihnen sehen sie in Trickfilmen täglich mehrere Gewaltszenen und Tötungen. Sozial positives Verhalten ist selten zu sehen.

Diese Szenen werden in das Gedächtnis der Kinder „eingespeist“. Dass unsere Seele so gut wie nichts vergisst, ist längst bekannt und bewiesen, besonders drastisch durch Berichte von Menschen, die klinisch tot waren und wiederbelebt wurden. Viele von ihnen berichteten nach ihrer „Rückkehr“, dass ihr ganzes Leben in allen Einzelheiten an ihnen vorüber gezogen ist.

14 bis 18 Jahre lang werden also diese Bilder der Gewalt und der Tötungen täglich in den großen Seelentopf der Kinder hineingegeben. Und danach erwartet die „Gesellschaft“ ein „gutes“, d.h. positives Sozialverhalten. Und die „Gesellschaft“ reagiert

sauer mit Hilfe von Gittern, wenn das Gegenteil der Fall ist. Wo bleibt da die Logik?

Offenbar erwarten viele Menschen bis hinein in wissenschaftliche Kreise, dass unsere Seelen – und insbesondere die Seelen der Kinder - so etwas ähnliches wie eine Märchenfigur enthalten, die Stroh und Abfälle zu Gold verspinnen kann.

Zugegeben: Ein bisschen was von einer derartigen Verwandlungskraft muss schon in uns Menschen stecken, insbesondere in Kinderseelen, sonst würde auf der Straße täglich wohl jeder zehnte Passant durch ein Messer niedergestochen oder durch eine Explosion auseinandergeblasen, wie es die Bilder auf den Bildschirmen ja vormachen. Ja: „Vormachen" steht da, denn auf viele Kinder wirkt ein Film fast so stark wie ein reales Erlebnis.

Diese schlechte Beurteilung der Bildschirmkids wirft die Frage auf, ob es - und eventuell was – in der Zeit vor den Bildschirmen wirklich anders war. Was hatten denn Kinder vor 70 Jahren und mehr für ihre Fantasie „verkonsumiert"?

Wie war denn das mit den Indianerbüchern, in denen vom Kampf der Indianer Nordamerikas gegen die eingedrungenen „Weißen" die Rede war? Ja, friedlich ging es in diesen Büchern nicht zu, ganz sicher nicht. Von Messern und Gewehren war die Rede, von Tötungen verschiedenster Art bis hin zum Marterpfahl. „Die Rede"? Aber nein doch; niemand sprach über diese Dinge.

Aber eines war grundlegend anders: Man sah diese Vorgänge nicht. Man musste sie sich vorstellen, und jeder Mensch konnte in seinen Vorstellungen soweit gehen, wie er es „ertragen" konnte. Ein Bildschirm nimmt jedoch keinerlei Rücksicht auf die seelische Verfassung und die seelische Belastbarkeit des Betrachters. Dieses Wissen hat ja dann bei den Kinofilmen zur Schaffung der FSK, der freiwilligen Film-Selbstkontrolle, geführt.

Deren Problematik steht hier aber nicht zur Diskussion, ihre Grundidee war jedoch richtig.

Außerdem wurden damals die wirklich grausamen Vorgänge wie Folterung und Tod in den Büchertexten nicht ausführlich beschrieben, sondern nur angedeutet.

Heute jedoch wird jedem Bildschirmgucker, egal ob er 3 Jahre oder 18 Jahre alt ist, dieselbe brutale Szene ins Gesicht (d.h. in die Seele) geschlagen ohne auf die Sensibilität der einzelnen Betrachter Rücksicht zu nehmen. Deshalb ist ein eingeschränkter Bildschirmkonsum für Kinder – und auch für seelisch „angeknackste" Erwachsene – einfach sinnvoll und gut. Es gibt viele Erwachsene, die keine Kriegsfilme ansehen können, weil sie als Kind 20 bis 30 Luftangriffe erlebt hatten. Wenn man solche Erinnerungen „herauf holt" riskiert man seelische Katastrophen. Der Verfasser kennt das!

Die von klein auf erlebten Brutalitäten auf den Bildschirmen produzieren zwangsläufig Ängste und Misstrauen. Das führt zu einer Vielzahl seelischer „Verbiegungen" oder gar seelischer Krankheiten. Gegen diese seelischen Ausnahmezustände hat die Pharmaindustrie eine Vielzahl von Mitteln entwickelt, die heilend wirken sollen. Nicht selten werden sie jedoch zu schnell und in zu großen Dosierungen angewendet, und sehr häufig vergisst dabei der Kranke, dass diese Medikamente nur ein Hilfsmittel bei der Heilung sind, dass aber eine echte seelische Heilung ohne seine massive Mitarbeit nicht zustande kommen kann. Es kann so weit kommen, dass der Kranke sein Vertrauen ganz und gar auf das Medikament, auf den Arzt oder auf beide setzt. Somit entsteht eine mehr oder weniger stark ausgeprägte Abhängigkeit, wenn nicht der Kranke <u>fortlaufend</u> darauf hingewiesen wird, dass jede ärztliche Behandlung nur als Hilfe zur Selbsthilfe zu betrachten ist und ohne ein ausgeprägtes Selbstvertrauen keine Dauerheilung möglich ist. Diese Hinweise würden jedoch die Einkünfte der Pharma-Industrie vermindern.

Probleme über Probleme. Auf Einzelheiten kann schon aus Platzmangel nicht eingegangen werden. Wir wollen deshalb bei

Grundsatzfragen bleiben, damit jeder Leser für sein Leben etwas Verwertbares findet. Als „Aufhänger" für unsere Betrachtungen wählen wir das heiß diskutierte Thema „Aufmerksamkeits-Defizit-Syndrom" (ein „herrliches" Wort!), kurz ADHS genannt.

Vor gut hundert Jahren hat es dieses Symptom auch schon gegeben, sonst hätte niemand den „Zappelphilipp" schreiben können. Damals war das jedoch eine exotische Erscheinung mit Seltenheitswert und eine Folge unpassender Erziehung. Hätte damals jemand dieses Verhalten als Krankheit bezeichnet, hätte er / sie mit Sicherheit den Verdacht einer Auch-Krankheit auf sich gezogen.

Vor ca. 50 Jahren, zu Beginn der beruflichen Tätigkeit des Verfassers als Lehrer, gab es unter rund 120 Schülern (3 Klassen á 40 Schüler!) etwa <u>einen</u> derartigen Fall. Heute sind es – nach Elternaussagen – in jeder Klasse (á 25 Schüler!) zwei bis drei solche „Krankheits"-Fälle.

Man spricht von erbmäßiger Begründung dieser Verhaltensstörung. Dann hätten sich die Erbanlagen der Menschen in ca. 50 Jahren maßlos verschlechtert. Der Verfasser hat jedoch z.B. bei sich selbst nichts von einer derartigen Verschlechterung seiner Erbanlagen festgestellt. Sofern man von einer deutlichen Steigerung seines Humors absieht! Aber: Ist Humor überhaupt eine Erbanlage? Oder gar eine schlechte Erbanlage?

Zur ADHS: Ob Erbanlage oder nicht: Diese Verhaltensstörung ist behandlungsbedürftig. Es gibt allerdings sehr starke Hinweise darauf, dass eine umfassende Familientherapie erheblich bessere Erfolge bringt als eine Einzeltherapie des „erkrankten" Lausbuben.

Also wird therapiert. Mit Psychopharmaka. Sehr oft mit nichts anderem. Und dadurch entsteht eine umfangreiche Problematik: Das Verhalten ändert sich, aber das Kind hat keinen Deut dazu beigetragen. Das Medikament allein – ganz, ganz allein – schafft die Veränderung.

Das Kind und seine soziale Umgebung steht da und schaut zu: Das Medikament schafft es! Alles! Ganz alleine!

Und was man dabei gelernt hat, überträgt man auf alle anderen akuten Probleme genauso wie auf alle zukünftigen Probleme: Medikamente „machen“ alles. 80 Jahre lang. Und das Selbstvertrauen verschwindet dabei auch, weil man auf das Medikament vertraut. Von Hilfe zur Selbsthilfe braucht man nicht mehr zu reden; alles ist viel einfacher geworden. Man braucht ja nur zu schlukken. Allerdings lebenslang. Jeden Tag! Lebenslang! Man muss sich nur dafür entscheiden, dass man ein solches Kind will, einen solchen Techniker will, einen solchen Piloten will. Selbstbestimmung? Würde des Menschen? Unnötige Fragen, denn solche Menschen „funktionieren“ doch bestens! Die Krankenkasse bezahlt alles, auch den Ersatz der mit Sicherheit kaputten Leber.

Natürlich gibt es Auswege, denn es gibt immer Auswege, wenn man will (fast immer!).
Man muss eben nur von Anfang an <u>fortlaufend allen Beteiligten</u> klar machen, dass jede Hilfe nur vorübergehend ist – absolut nur vorübergehend ist. Dass muss zu einer festen Vereinbarung zwischen Arzt, Kind und Umwelt werden und dann auch bleiben. Bleiben! Nichts anderes! Jede Hilfe darf nur Hilfe zur Selbsthilfe sein – sofern irgend möglich!

Dann muss jeder noch so kleine „Fortschritt“ in Richtung angepasstem Verhalten dem Kind sofort – wirklich sofort! – lobend klar gemacht werden. Das ist die Taktik der kleinen Schritte. Über diese Taktik der kleinen Schritte baut man immer mehr solcher „Augenblicke“ (!) des richtigen Verhaltens auf. Immer noch vorkommende Verhaltensfehler legt man ohne großes Theater mit einem „Na ja“ auf die Seite, sonst bauen sich ganz schnell Teufelskreise auf.

Dieses Vorgehen baut natürlich Suggestionen auf, aber helfende Suggestionen! Und es baut außerdem – und das ist wirklich Gold wert - immer mehr Selbstvertrauen auf. Dieses fortlaufend wachsende Selbstvertrauen kann das „Tabletten-Vertrauen" immer mehr verdrängen. Der Weg zum „Ich kann" ist damit beschritten. Und das Ziel ist ganz klar: Ich kann, nicht die Tabletten!

Zu diesem ganzen Komplex noch zwei Erfahrungsberichte: Der erste Bericht zeigt noch eine Möglichkeit, wie ein Kind relativ schnell vom Tabletten-Können zum Selbst-Können kommen kann – und zwar durch seine eigene Mitarbeit. Diese Mitarbeit fördert den Aufbau eines großen Selbstvertrauens ganz erheblich, wie oben schon dargelegt.

Dem Verfasser war ein Schüler seiner Schule dadurch aufgefallen, dass er an der Bushaltestelle keinen Augenblick ruhig stehen konnte, sondern dauernd mit geballten Fäusten bin und her lief. Und natürlich spielten Medikamente im Leben dieses Kindes eine bedeutsame Rolle. Der Verfasser bot den Eltern dieses Kindes an ihm die Anfangsübungen des autogenen Trainings – die Totalentspannung – zu zeigen. Nach 4 oder 5 Einübungen beherrschte der Junge diese Entspannungstechnik so gut, dass er dies jederzeit und überall allein machen konnte; dieses Allein-Können war ja das Ziel des ganzen Lernvorgangs.

Der Erfolg war echt verblüffend gut. Verkrampfungen im Umgang mit der sozialen Umgebung sowie im Umgang mit Körper und Seele verschwanden rasch. Die drohende Nichtversetzung wurde abgewehrt; später wurde er Diplomingenieur. Das war ein Fall von Hilfe zur Selbsthilfe, wie man ihn sich nicht besser wünschen kann.

Ob dies ein Fall von ADHS war oder nicht, muss offen bleiben. Diesen Begriff kannte man damals noch nicht, und die verschiedenen Psychopharmaka von heute gab es auch nicht. Der Junge war jedenfalls froh, glücklich und lernmotiviert. In der Sprechweise dieses Buches: Ein echter „Ich kann" – Fall.

Und nun noch der zweite Erfahrungsbericht: Der Verfasser sieht heute noch die strahlenden Augen des 7-jährigen S. vor sich, als er – ganz erstaunt – sagte: Ich kann schwimmen!

Wie kam es dazu? Der Verfasser musste diesem Jungen als Opa-Figur dienen, da er beide Großväter verloren hatte. Das Verhältnis war sehr herzlich. Der Junge hatte ein sehr geringes Selbstwertgefühl und viele Ängste, deren Herkunft unklar blieben. Er brauchte wegen häufiger Erkrankungen der Bronchien und der Lunge oft Medikamente. Zum Aufbau des Selbstwertgefühle und den dadurch erhofften Abbau der Ängste bot sich der Umgang mit Wasser an, insbesondere das Schwimmen. Nach wenigen Tagen mit Schwimmhilfen hatte er die Schwimmbewegungen gelernt.

Dann wagte der Verfasser den großen Schritt, denn der Junge hatte ein großes Vertrauen zu ihm: Eine der beiden Schwimmhilfen wurde entfernt und das Wasser trug ihn – natürlich – immer noch. Die zweite Schwimmhilfe wurde zuerst verkleinert und dann entfernt, aber der Junge unter der Brust mit der ganzen Hand unterstützt. Das Wasser trug ihn immer noch bei seinen Schwimmbewegungen. Dann wurden die Finger nach einer entsprechenden Ankündigung (!) einzeln entfernt: Fünf, vier, drei, zwei, ein Finger – eben die Taktik der kleinen Schritte. Dass dieser eine Finger keine wirkliche Stütze war, sah der Junge auch ein. Deshalb wurde er wenige Zentimeter weit entfernt. Das Wasser trug ihn – natürlich – immer noch. Er schwamm 1 Meter, 2 Meter und staunte: „Ich kann schwimmen!“ Und er wollte gar nicht mehr aufhören, fast eine Stunde lang. Das Wasser war warm, und als Landkind hatte er die nötigen Muskeln. Er war von einem unbeschreiblichen Glücksgefühl erfüllt durch sein „Ich kann (schwimmen)“. Ohne Übertreibung: Das ganze Kind war ein einziges Glücksgefühl. Auf solche Art und Weise wird ein solides Selbstwertgefühl aufgebaut. Wenn ein Kind oder ein Jugendlicher (oder ein Erwachsener!!!) von einem umfangreichen Selbstwertgefühl erfüllt ist, weil er /sie auf mehreren Gebieten sagen kann: „Ich kann...“, dann suchen solche Menschen keinen Kick mehr im Alkohol oder in Drogen aller Art, sondern sie meiden diese Stoffe, weil sie den Zugang zum Glück des Selbstwertgefühls stören oder sogar verhindern. Diese

Menschen erleben weitgehenden Seelenfrieden, die Drogenkonsumenten nicht, vom nachfolgenden „Kater" ganz zu schweigen.

Der og. Junge hatte übrigens später keine Krankheiten der Bronchien mehr - ein weiterer „Ich kann Fall".

Aber bitte genau hinsehen: Wissen aller Art, Können aller Art, sozial positiv aufgebaute Selbstwertgefühle sind keine Ersatzdroge, sondern ein äußerst wertvoller Drogenersatz. Wer Gutes in sein Leben und in das Leben seiner Mitmenschen hineintragen will, findet in diesen drei Bereichen alle Möglichkeiten dazu. – Das Wort „Ersatz" stört zwar dabei, weil es an „Kaffee-Ersatz" anklingt. Aber für das Wort „Ersatz" gibt es anscheinend keinen Ersatz.

Das Beispiel dieses kleinen Schwimmers kann noch mehr Zusammenhänge aufzeigen: Entscheidend in diesen Vorgängen war ein Begriff, der völlig Immaterielles beschreibt: Das Vertrauen, das dieses Kind dem Erwachsenen entgegengebracht hat. Es hatte ja eine Unmenge an diffusen Ängsten, und es war deshalb eine offene Frage, ob es diese Ängste durch sein Vertrauen wird überwinden können. Aber hier ist eine Klarstellung nötig: Gegen Ängste gibt es kein Allein-Mittel, sondern nur Kombinationstherapien.

Zwei Dinge waren für den überraschend schnellen Erfolg maßgebend: Erstens war als Ziel ganz klar, dass es über das Fremdvertrauen zum Selbstvertrauen gehen wird. Das hatte dieser Junge aber schon an anderen Beispielen erlebt, und deshalb hatte es in dieser „Richtung" schon massive Anbahnungen gegeben; das wirkte sich sicherlich auf die Schnelligkeit des Geschehens aus.

Zweitens war in dieser Situation die Taktik der kleinen Schritte ganz extrem wichtig. Durch sehr intensive Beobachtung der unbewussten Reaktionen eines „Patienten" muss man erkennen, ob die Schritte nicht zu groß sind. Jede – aber wirklich jede! - noch so kleine Angstreaktion hätte sofort zur Verkleinerung der Schritte geführt. Unter Beachtung dieser zwei Punkte werden Fortschritte auf allen (!) Gebieten leicht, einfach „kinderleicht".

Prinzipiell müsste dies auch für seelische Lernvorgänge bei Erwachsenen gelten, das Fortschrittstempo wird bei ihnen allerdings geringer sein. Die Kombination von Vertrauen und winzig kleinen Schritten Macht auch Fortschritte in solchen Fällen möglich, die äußerst schwierig sind. Die seelische „Führerfigur" – wer das auch immer sein mag, Eltern, Lehrer, Seelsorger, Nachbar – müsste sich jedoch dessen bewusst sein was sie will und was sie tut.

Von Vertrauen ist hier die Rede! Vertrauen wirkt sich aus: Sicherlich! Unweigerlich!

Bei der Wirkung der „Placebos" führt das Vertrauen zu Heilungen. Ein Patient vertraut seinem Arzt, denn ohne jegliches Vertrauen erreichen auch hochwirksame Medikamente fast keinen Heilungseffekt. Die Schmerzen von Kleinkindern können bei kleineren „Unfällen" oft einfach weggeblasen werden, weil das Kind dem Erwachsenen vertraut.

Vertrauen allüberall: Fremdvertrauen, Selbstvertrauen, Sachvertrauen. Wenn man ein Fernsehgerät einschaltet, vertraut man darauf, das es nicht explodiert, sondern funktioniert. Wenn man im Auto das Lenkrad nach links dreht, vertraut man darauf, dass das Auto nach links fährt. Bei jedem Gerät, das wir direkt oder indirekt benutzen, vertrauen wir darauf, dass es erwartungsgemäß funktioniert. Ein Leben ohne Vertrauen ist unmöglich, selbst wenn nur eine der drei genannten Vertrauensformen fehlt. Die absolute Notwendigkeit von Vertrauen ist ganz offensichtlich logisch begründet. Es gibt sogar ein dickes Buch über Vertrauen: Es wird auch „Bibel" genannt.

Vertrauen ist aber auch biologisch begründet. Die großen oder kleinen Menschengruppen unserer Vorfahren konnten nur überleben, wenn jeder sich auf die anderen Gruppenmitglieder verlassen konnte, wenn sie einander absolut vertrauen konnten. Innerhalb einer Gruppe gab es auch bei Säugetieren niemals einen „Kampf von jedem gegen jeden" (so Darwin!). Es ist deshalb logischerweise zu erwarten, dass auch in unseren Erbanlagen ein sozial positives Verhalten als Anlage zu finden ist, die dann allerdings (wie die meisten menschlichen Erbanlagen) nicht zwingend sein würde.

Und man hat tatsächlich in Versuchen herausgefunden, dass wir Menschen Erbanlagen zu sozial positivem Verhalten in uns tragen. Zum Beispiel die Anlage zur Hilfsbereitschaft. Wenn Kinder ab ca. 2 Jahren zusehen, dass einer anderen Person ein Bleistift auf den Boden fällt, gehen sie - ohne Aufforderung und ohne Belohnung irgendwelcher Art! – zu dem Bleistift und geben ihn dieser Person wieder in die Hand. (Übrigens hat man dieselben Versuche auch mit Schimpansen gemacht und dasselbe Verhalten erlebt!) Noch einmal: Ohne Aufforderung und ohne Belohnung! Und es ist echt tröstlich, dass Schimpansen nicht noch sozialer sind als wir Menschen. Aber auch bei den Schimpansen, die ja auch in Gruppen zusammenleben, ist ein Füreinander, ein Miteinander und ein gegenseitiges Vertrauen biologisch absolut überlebensnotwendig. Ein Kampf von jedem Artgenossen gegen jeden anderen Artgenossen wäre das sichere Ende jeder Säugetierart.

Unter diesen Aspekten kann man nur sagen: Hoffentlich wissen diejenigen nicht was sie tun, die Kinder jeden Tag stundenlang die „Ethik“ der Bildschirme erleben lassen, sonst wären sie Kriminelle. Hoffentlich wissen diejenigen nicht was sie tun, die Kindern ihren Umgang mit Klein und Groß in der Gesellschaft durch Dauerängste behindern anstatt sie dieselbe Sachlichkeit wie im Umgang mit Zebrastreifen zu lehren, sonst wären sie Verbrecher. Jede Form des Vertrauens wird durch Ängste mit der Zeit weitgehend ausgelöscht. Vertrauen ist aber – wie oben schon angedeutet – lebensnotwendig, biologisch und psychologisch.

Noch ein Hammer: Jede Form von Vertrauen ist natürlich ein absolutes Gegenstück zu jeder Form von Angst. Das ist logisch. Für Denkende! Man denke einfach an das Gefäß zum Sammeln der „Kügelchen" der Zimmerhasen: Wer jeden Tag Vertrauen hinein wirft, bekommt auch wieder Vertrauen heraus.

Vertrauen ist nicht nur ein mehr oder weniger abstrakter Begriff der Philosophie oder der Religionswissenschaft, sondern es ist auch eine Grundlage biologischer und psychologischer Lebensvorgänge. Wer also irgendwelche Formen des Vertrauens aus seinem eigenen Leben oder aus dem Leben anderer – auf welche Art und Weise auch immer – hinauswirft, der wirft die Grundlagen des Lebens hinaus. Humanitäre Verbrämungen, Ideologien und politische Programme können niemals Ersatz sein für Vertrauen. „Sapienti sat" sagte man im antiken Rom : Namen braucht man deshalb nicht zu nennen. Jeder denkende Mensch weiß, wer alles gemeint ist.

Vertrauen kann eine große Menge von positiven Vorgängen in Körper und Seele einleiten und durchführen. Vertrauen, insbesondere das Fremdvertrauen, kann körperliche Gesundheit und Heilungsvorgänge bewirken. Der schon erwähnte Placebo-Effekt ist ein durchschlagendes Beispiel dafür. Manchem ist dieser Effekt ein echter „Dorn im Auge", aber er existiert, das ist nicht zu leugnen. Warum redet man so wenig über Vertrauen?

Oder nehmen wir als weiteres Beispiel den schon erwähnten kleinen Schwimmer. Er hatte trotz seiner 8 Jahre schon mehrere Krankenhausaufenthalte wegen Atemwegserkrankungen hinter sich, darunter auch eine Lungenentzündung. Er hatte zu Hause viel Verschleimungen und allergische Reaktionen in seinen Atemwegen. Zwei oder drei Saunabesuche hatte er zusammen mit dem Verfasser gut überstanden. Später kamen wir unterwegs an einen noch reichlich kalten Badesee. Lässt man ein solches Kind darin baden? Der Verfasser ermunterte ihn sogar dazu, aber ohne irgendeine Form von Druck auszuüben. Der hagere Junge vertraute darauf, dass der Erwachsene nicht Falsches vorschlägt, schwamm in dem kalten See herum – und blieb völlig gesund. Auffällig war sowohl bei dieser Tätigkeit als auch sonst, dass bei den vielen gemeinsamen Aktionen keinerlei Verschleimungen oder andere krankhaften Reaktionen der Atemwege stattfanden. Der Verfasser führt das auf das Vertrauen des Kindes zurück (Selbstvertrauen und Fremdvertrauen).

Von ferne gesehen klingt das ein wenig absurd oder monomanieartig übertrieben. Aber zu diesen obigen Erfahrungen gibt es parallele Erfahrungen. Wenn Kinder die Totalentspannung lernten, wie sie als Anfangsübung des autogenen Trainings praktiziert wird, verschwanden Atemwegsbeschwerden meistens ganz. In einem Fall sogar ein manifestes Asthma. Diese Totalentspannung bewirkte über das Vertrauen zum Übungsleiter eine erhebliche Steigerung des Selbstvertrauens. Vertrauen statt Papiertaschentücher? Warum eigentlich nicht? Die Papierfabriken werden auch dies überleben!

Kinder suchen Geborgenheit, Freundschaft und Vertrauen mehr als materielle Werte, wie eine Studie ergab (StZ 04.12.2008).

Wer eine Firma oder einen Handwerksbetrieb aufbaut, braucht eine große Menge Selbstvertrauen. Mit Selbstvertrauen lassen sich Fremdsprachen viel leichter erlernen, genauso auch andere Fähigkeiten. Überall ist Vertrauen gefragt, Selbstvertrauen, Sachvertrauen und Fremdvertrauen. Sicherlich gibt es noch viele Anwendungsmöglichkeiten für die Erkenntnisse, die bezüglich der Wirkungen von Vertrauen bereits bis heute vorliegen. Aber gibt es auch Grenzen?

Zum ersten sind hier die Grenzen wichtig, die jeder gegenüber Fremdsuggestionen setzen muss. Darüber wurde an anderer Stelle in diesem Buch gesprochen. Vertrauen darf natürlich nicht zur massiven Abhängigkeit führen.

Zum zweiten ist auf Gefahren hinzuweisen, die durch ein übertriebenes Selbstbewusstsein entstehen können. Man kann vielleicht als Faustregel sagen: Wo die eigenen körperlichen und seelischen Kräfte eingesetzt werden, kann man viel Selbstvertrauen praktizieren, wenn aber andere „Kräfte“ (im wörtlichen und übertragenen Sinn) ins Spiel kommen, ist äußerste Vorsicht angebracht.

Beispiele: Finanzmärkte; Maschinen; Autos; Motorräder u. a. mehr (Gefahren durch Selbstüberschätzung und mangelnde Vorsicht).

Wenn man von den Erkenntnissen der biologischen Verhaltensforschung ausgehend diese Probleme betrachtet, wird sofort klar, wo man sich auf angeborene Anlagen einigermaßen verlassen kann und wo nicht. Z.B. ist es doch äußerst unwahrscheinlich, dass sich bei unseren Vorfahren vor Jahrhunderttausenden Erbanlagen entwickelt haben die uns heute zur Beherrschung von PS-starken Fahrzeugen befähigen. Das wären ja Erbanlagen „auf Vorrat", die über riesig lange Zeiträume hinweg keinerlei Sinn und Anwendungsmöglichkeiten gehabt hätten. Deshalb müssen wir heutigen Menschen den Umgang mit unserer technisierten Umwelt erlernen, sonst geschehen sehr schnell „nicht wiederholbare" Fehler: Man wickelt in aller Regel sein Auto nur einmal um einen Baum!

Das Wort „Seelenfrieden" ist zur Zeit kein Schlagwort der Medien. Es ist deshalb wohl nötig zu diesem Begriff ein paar ergänzende Worte zu sagen.

Was soll unter diesem Begriff verstanden werden?

Bei jedem lebenden Organismus entscheidet ja seine biologische Vitalität über Leben oder Tod. Diese Vitalität beinhaltet natürlich zunächst einmal eine nach Menge und Qualität gut ausreichende Nahrungsbeschaffung. Die Art der Nutzung und ihre Verwertung muss dabei keineswegs optimal sein. Sie darf sich aber auch nicht über längere Zeit am unteren Limit entlang bewegen. Dabei muss die Nahrung sowohl für den betreffenden Organismus geeignete Baustoffe als auch geeignete Energieträger enthalten. Eine kleinere oder auch größere Menge nicht verwertbarer Stoffe in der Nahrung stört dabei nicht sofern diese Stoffe sich nicht auf irgend eine Art und Weise schädigend auswirken.

Das ist der ganz allgemeinen biologische Blickwinkel. Was bedeutet das für den Menschen?

Auch beim Menschen muss die Nahrung genügend Baustoffe (meistens Eiweiße und Mineralien) und Betriebsstoffe (meistens Zuckerarten und Fette) enthalten. Das ist im Prinzip allgemein bekannt und darüber wird in den Medien immer wieder heiß diskutiert.

Aber wir Menschen sind keine stillsitzenden Verdauungsapparate, sondern wir bewegen uns in unserer Umwelt. Vor allem bei unseren Vorfahren vor vielen Jahrtausenden erforderte die Nahrungsbeschaffung fast ununterbrochene Bewegung in einer Umwelt, die sich teils feindlich, teils hilfreich erwies. Die vielen Schwierigkeiten bei der Nahrungsbeschaffung konnten unsere Vorfahren nur einer gut „funktionierenden" Gemeinschaft überwinden. Alles was diese Gemeinschaft stark schädigte oder gar auflöste, hat unweigerlich zum baldigen existenziellen Ende der betreffenden Menschengruppe geführt.

Deshalb haben sich in solchen kleineren oder größeren Menschengruppen Verhaltensformen entwickelt – und über die Jahrtausende hinweg auch in Form von Erbanlagen „eingenistet" – die für das Funktionieren einer menschlichen Gemeinschaft notwendig oder förderlich sind. Die Existenz solcher Erbanlagen wurden von Prof. Joachim Bauer (Freiburg) und anderen nachgewiesen. Aber auch ohne diesen Nachweis wäre die Existenz solcher Erbanlagen eine schlichte Forderung der Logik, denn das BGB gab es in der Steinzeit mit absoluter Sicherheit nicht. (BGB = Bürgerliches Gesetzbuch).

Wir Menschen tragen also Erbanlagen in uns, die uns zu einem sozial positiven Verhalten, zu einem guten Miteinander anleiten wollen und können. Wenn wir jedoch die Welt um uns oder gar die Welt der Bildschirme betrachten, kommt uns dieser Satz ziemlich weltfremd vor. Das ist jedoch nicht die Schuld der Erbanlagen, und deshalb ist es notwendig, sich über die Gründe dieser Diskrepanz einige Gedanken zu machen.

Zunächst muss einmal klargestellt werden, dass diese Erbanlagen ebenso wie die meisten menschlichen Anlagen nur schwach ausgeprägt sind und deshalb von stärker ausgeprägten Anlagen wie z.B. das Fluchtverhalten, der Hunger oder die Sexualität leicht „überspielt" werden können.

Aber andererseits muss ebenso klar herausgearbeitet werden, dass es in uns Menschen ein „Soll" gibt, das uns zu sozial positivem Verhalten, zu einem guten Miteinander führen will. Zu diesem relativ schwachen „Sollen" muss deshalb ein Wollen kommen, ein „Ja" zu einem guten Miteinander. Auf der Grundlage dieses „Ja" können dann die Methoden der Führung und der Selbstführung eingesetzt werden, wie sie in diesem Buch beschrieben worden sind. Mit Hilfe von fortdauernden Bahnungen, verstärkt durch geeignete Motivationen und Suggestionen, lässt sich das schwache „Soll" so weit verstärken bis es die Wirkungskraft einer starken Erbanlage erreicht. Der betreffende Mensch bewegt sich dann gewissermaßen in einer Bahn, in einer „Rolle", und man tut immer gut daran Mitmenschen nicht so weit zu provozieren, dass sie „aus ihrer Rolle fallen", denn dann fallen sie ziemlich sicher in den großen Teich der Aggression. Innerhalb seiner Rolle fühlt sich der Mensch sicher und zufrieden; er hat dann Frieden in seiner Seele und deshalb auch „Frieden" in allen Körperfunktionen inklusive der Abwehr von Infektionen.

Um Menschen zu einem sozial positiven Verhalten zu führen, gibt es auch noch die vielen Vorschriften (z.B. die Verkehrsregeln) und die Gesetze. Von der Kenntnis der Existenz von Erbanlagen zu positivem Sozialverhalten aus betrachtet sind sie nichts anderes als Bahnungshilfen, damit die Aktionskraft nicht in sozial negative Verhaltensformen einströmt. Das ganze System hat aber – von unserer Warte aus gesehen – einen großen Fehler: Diese Motivationen durch Gesetze sind ausschließlich negativ geprägt.

Es werden nur die Ängste vor einer Strafe kultiviert; Belohnungen für die Befolgung von Gesetzen gibt es nicht. Und der Knast ist für die meisten Menschen, insbesondere aber für Jugendliche, viel weiter weg als der Mond. Statt mit dem Knast zu drohen könnte man wohl auch mit dem Mond drohen. „Probesitzen" wäre sozial viel heilsamer als jeder Kamillentee; das wurde schon ausprobiert! Das beeindruckt sogar „Intensivtäter", diese „goldigen" boys.

Aus dem Blickwinkel der obigen Betrachtungen heraus werden die früheren Ausführungen über die Aktionskraft und speziell auch über die Aggression verständlicher und gewichtiger. Ebenso werden die Beschreibungen der Suggestionsformen und ihrer Anwendungen und Auswirkungen aus dieser Sicht ebenfalls klarer und gewichtiger.

Ein gewisser „Frieden" in unserer Seele bedeutet also, dass wir die in uns erbmäßig angelegten, aber schwachen Neigungen zu sozial positivem Verhalten fördern und die Aktionskraft nicht in „Kanäle" einströmen lassen, die in Richtung Aggression gehen und somit zu sozial negativem Verhalten führen würden.

Dann bestimmen nicht die Lebensumstände unser Verhalten, sondern unsere Antwort auf diese Umstände wird unser Leben prägen. Methoden zum Erreichen dieses Zieles wurden in diesem Buch aufgezeigt und erklärt. Aber ohne ein klares „Ja" zu diesem Ziel und ohne ein – großes oder kleines! – Wollen ist natürlich alles reichlich „kalter Kaffee".

Wenn man so will, kann man den größeren Teil dieses Buches als Anleitung zu einem zwar nicht totalen, aber doch weitreichenden „Seelenfrieden" ansehen.

Unter den verschiedenen Handlungsformen und Verhaltensnormen zur Erreichung dieses Zieles wird wahrscheinlich das Vertrauen an oberster Stelle stehen, vermutlich sogar mit weitem Abstand. Zur Wiederholung: Es gibt Menschenvertrauen, Selbstvertrauen und Sachvertrauen.

Mit dieser Vermutung stehen wir an einem weiteren Abschnitt. Hier lautet die Frage: Was bringt ein derartiger Seelenfrieden dem einzelnen Menschen und der Gemeinschaft, in der dieser Mensch lebt?

Ein erheblicher Teil der Antwort ist natürlich schon in den früheren Ausführungen enthalten: Viel Positives für den Einzelnen und für die Gemeinschaft.

Da der Verfasser niemandem seine Überzeugung suggerieren will, soll hier alles sehr kurz gefasst werden.

Eine Übereinstimmung des Lebensstils mit biologisch vorgegebenen „Soll-Werten" bringt eine weitreichende und relativ stabile Gesundheit von Körper und Seele. Das bejaht heute jedermann in Bezug auf die Ernährung. In Bezug auf die seelische „Ernährung" (Normen und Lebensformen) bejaht es bis jetzt fast nur die psychosomatische Medizin. Das ist allerdings erheblich mehr als nichts. Krankheiten aller Art entstehen fast immer durch Anlagen und deren „Auslösung". Und gegen die Auslöser können wir angehen – warum nicht auch mit Suggestion? Der Erfolg zählt allein – ganz, ganz allein. Und Selbstsuggestion ist letztlich Privatsache, ganz, ganz allein Privatsache!

Wer verschiedene Vorschläge aus diesem Buch praktiziert, wird nach seinen Erfahrungen ebenfalls das obige bejahen. Er / sie würde dann zu einem weiteren „Ich kann" – Fall werden.

Aber gar nie den Grundsatz vergessen: Ich gebe niemals auf! Niemals!

Mit oder ohne Suggestionen im Leben?

Ganz ohne Berührungen mit Suggestionen kommt niemand – niemand! – davon.
Dafür sorgen schon unsere Politiker.

Aber auch täglich an Paracelsus denken: Die Dosis ist entscheidend! Überall! Immer!

Literatur

Hassenstein, Bernhard:
Verhaltensbiologie des Kindes; Piper Verlag 1973
Eibl-Eibesfeldt, Irenäus:
Grundriss der vergleichenden Verhaltensforschung; Piper Verlag 8. Aufl. 1999
Eibl-Eibesfeldt, Irenäus:
Die !Ko-Buschmann-Gesellschaft; Piper-Verlag 1972
Schücking, Beate:
Wir machen unsere Kinder krank; Paul List Verlag 1971
Keiter, Friedrich:
Verhaltensbiologie des Menschen (auf kulturanthropologischer Grundlage) Ernst Reinhardt Verlag München/Basel 1966
Dröscher, Vitus B.:
Nestwärme; Econ Verlag Düsseldorf/Wien 2. Aufl. 1982
Lorenz, Konrad:
Das sogenannte Böse; Dr. G. Borotha-Schoeler Verlag Wien, 11. Auflage 1965
Lorenz Konrad:
Über tierisches und menschliches Verhalten; 2 Bände; Piper Verlag 1065
Lorenz, Konrad:
Antriebe tierischen und menschlichen Verhaltens; Piper Verlag 1969
Lorenz, Konrad:
Der Abbau des Menschlichen; Piper Verlag 1983
Bauer, Joachim:
Prinzip der Menschlichkeit; Hoffmann und Campe Verlag 2. Auflage 2006
Bauer, Joachim:
Das Gedächtnis des Körpers; Piper Verlag 9. Auflage 2007